経済史と経済理論の両輪で学ぶ、新しいタイプの経済入門書

# はじめて学ぶ経済学

関東学院大学経済学部 編

関東学院大学出版会

# はしがき

　本書は，経済学を専攻しようとする大学1，2年次生向けの入門レベルの教科書であるが，それだけではなく，経済学に関心を持つすべての社会人向けに執筆されている．経済学の入門書としての本書の特徴は，次の3つである．
　第1に，経済学を学ぶにあたって，経済史という分野からの歴史的アプローチと，ミクロ・マクロ経済理論を中心とした理論的アプローチの両面から紹介している点である．こうした構成をとっている点は，類書ではあまり例がなく，本書のユニークな特徴となっている．読者は，この本一冊で，経済学という学問の範囲を，歴史と理論の両輪から大まかにつかむことができる．
　第2に，入門書とはいえ，重要な基礎的知識や専門用語については，できるだけ多く紹介することを執筆方針としている点である．そのため，本書では分かりやすさを心がけているが，その内容は決して「やさしすぎる」ものにはなっていない．たとえば，ミクロ経済学分野については，最先端の研究成果であるゲーム理論なども紹介しており，経済学のテキストとして十分に読み応えのある内容となっている．また，とくに重要な専門用語については，学習の手助けとして，ゴシック体の太字で表記してある．
　第3に，豊富な図表を用いている点である．経済統計データを多く紹介するとともに，さまざまなパターンのグラフを用いて市場経済システムの機能について視覚的にも理解できるようにしている．本書に記載された図表は各章あわせると全部で61枚にもなるが，デザイン的に見やすいように工夫されたグラフや表が，読者の理解を助けてくれるはずである．
　さて，本書の構成については，まず第1章のイントロダクションで，そもそも経済学とは何か，また経済学が取り扱うべき問題と市場経済システムの概要について述べられている．
　第2章では，経済学を歴史的に分析しようとしている．まず，そもそも近代ヨーロッパに始まる資本主義社会とは何か，そして，こうした資本主義経済シ

## はしがき

ステムの成り立ちについて，ヨーロッパおよび日本の経済史という視座から書かれている。

第3章および第4章では，ミクロ経済学およびマクロ経済学の基礎理論が取り扱われている。ミクロ・マクロ理論は，国家・地方公務員試験における経済学分野の出題範囲でもあり，現実の景気動向や市場の動きを分析・予測する上でも役立つものであり，経済学を学ぶ上で必要不可欠である。

第5章は，国際的な視点から経済社会を分析している。今日のグローバル化した社会においては，国際的な経済取引の影響力は大きくなる一方である。本書では，国際貿易および国際金融の両面から，基礎的な理論を紹介するとともに，国際通貨システムの豊富なデータと現実に起こった経済事象についても紹介している。

さらに，第6章では，マクロ・ミクロ経済理論をより深く理解するためのヒントとして，数学的な補論を用意してある。これによって，読者はさらに専門的な経済理論の習得へと準備をすることが可能となるだろう。

本書は，もともと関東学院大学経済学部経済学科における一年次生向け科目「経済学入門」で使用するテキストとして経済学科会議において発案されたことがきっかけであった。しかし，それにとどまらず，広く大学生や一般の社会人向けの入門レベルの教科書を提供しようとの意図をもって編集委員会が発足し，本書が企画されたのである。本書は，関東学院経済学部編となっているが，その各章の執筆にあたったのは同学部経済学科の専任教員13名である。

なお，本書の公刊にあたり，出版企画から完成まで約1年を要したが，その間，編集作業で労を取っていただいた関東学院大学出版会の四本陽一氏，および本書のカバー・デザインをはじめ本書全体のデザインをお引き受けいただいたデザイナーの剣持章生氏には一方ならぬお世話になり，ここに記して謝意を表したい。

2010年3月

編集委員会を代表して　黒　川　洋　行

# CONTENTS 目次

はしがき

## 第1章 経済学とは何か ～まずその全体像を知ろう～
- 1.1 根本的経済問題とは？ …………………………………………1
- 1.2 市場経済の基本的仕組み ………………………………………2
- 1.3 所得分配は公平か？ ……………………………………………5
- 1.4 政府の役割 ………………………………………………………7
- 1.5 市場取引はフェアか？ …………………………………………8
- 1.6 本書の構成について ……………………………………………10

## 第2章 経済社会を歴史的に見る
- 2.1 経済社会の仕組み ………………………………………………13
  - 2.1-1 経済活動　生産・労働 ……………………………………13
  - 2.1-2 資本主義社会の経済的特徴 ………………………………15
  - 2.1-3 資本主義社会の歴史的特徴 ………………………………20
  - 2.1-4 資本主義経済社会の問題点 ………………………………21
- 2.2 資本主義経済の確立と変容 ……………………………………24
  - 2.2-1 産業革命とその帰結 ………………………………………24
  - 2.2-2 パックス・ブリタニカから帝国主義時代へ ……………28
  - 2.2-3 第1次世界大戦と大恐慌 …………………………………32
- 2.3 日本における資本主義経済の展開 ……………………………34
  - 2.3-1 日本経済との出会い（1853～1868）……………………34
  - 2.3-2 戦前の日本経済（1868～1945）…………………………35
  - 2.3-3 敗戦と戦後改革（1945～1955）…………………………39
  - 2.3-4 高度成長の時代（1955～1973）…………………………40
- 2.4 現代の日本経済 …………………………………………………42
  - 2.4-1 先進国の過剰生産と多国籍企業の出現 …………………42

| CONTENTS | 目次

　　　　2.4-2　ドル・石油危機とスタグフレーションの発生 …………43
　　　　2.4-3　減量・合理化の推進による日本的生産方式の確立 ………44
　　　　2.4-4　プラザ合意からバブル経済へ …………………………………45
　　　　2.4-5　円高・合理化の悪循環と財政の悪化 …………………………46
　　　　2.4-6　世界最適調達と新しい日本的経営 ……………………………47
　　　　2.4-7　海外生産拡大と外資による日本企業買収 ……………………48
　　　　2.4-8　輸出依存による「日本企業の一人勝ち」……………………49
　　　　2.4-9　アメリカ発金融危機と世界同時不況 …………………………49
　　　　2.4-10　中国・インドの急成長と日本経済の課題 ……………………51
　　コーヒーブレイク：ハンバーガーと海外移民 …………………………………54

## 第3章　市場経済とミクロ経済学

　　3.1　市場経済の仕組み ……………………………………………………………57
　　3.2　需　要 …………………………………………………………………………58
　　　　3.2-1　個人の需要 ……………………………………………………………58
　　　　3.2-2　市場の需要 ……………………………………………………………59
　　　　3.2-3　需要に影響する要因 …………………………………………………61
　　3.3　供　給 …………………………………………………………………………62
　　　　3.3-1　生産者1社の供給 ……………………………………………………62
　　　　3.3-2　市場の供給 ……………………………………………………………64
　　　　3.3-3　供給に影響する要因 …………………………………………………64
　　3.4　市場均衡 ………………………………………………………………………65
　　　　3.4-1　市場均衡 ………………………………………………………………65
　　　　3.4-2　比較静学 ………………………………………………………………69
　　　　3.4-3　価格弾力性 ……………………………………………………………71
　　コーヒーブレイク：経済学の歴史 ……………………………………………………76
　　3.5　市場の効率性と失敗 …………………………………………………………77
　　　　3.5-1　消費者余剰 ……………………………………………………………77
　　　　3.5-2　生産者余剰 ……………………………………………………………78
　　　　3.5-3　市場の効率性 …………………………………………………………79
　　　　3.5-4　市場の失敗 ……………………………………………………………79
　　　　3.5-5　市場の失敗の解決方法 ………………………………………………82

コーヒーブレイク：コンビニエンスストアのアルバイトの時給は，なぜ夜間の方が高いのか？ ……………………………………………86
3.6　ゲーム理論 ……………………………………………………87
　　3.6-1　ゲーム理論とは？ ………………………………………87
　　3.6-2　ゲームの3つの基本要素 ………………………………90
　　3.6-3　最適反応：相手の戦略が大事 …………………………93
　　3.6-4　結局，プレーヤーたちはどの戦略を選ぶ？ …………94
　　3.6-5　いくつかの代表例 ………………………………………96

# 第4章　国内総生産（GDP）とマクロ経済学

4.1　GDPとは ………………………………………………………101
4.2　GDPをとらえる方法：経済主体と経済循環 ………………103
　　4.2-1　支出GDP：財の総需要 ………………………………103
　　4.2-2　生産GDP：財の総供給 ………………………………104
　　4.2-3　分配GDP：国民所得 …………………………………105
　　4.2-4　財政の概要 ………………………………………………106
　　4.2-5　経済とは …………………………………………………106
4.3　GDPの大きさが決まる要因：新古典派とケインズ派の違い（1） ……………………………………………………106
　　4.3-1　新古典派の考え方 ………………………………………106
　　4.3-2　ケインズ派の考え方 ……………………………………107
4.4　GDPの大きさが変動するしくみ：新古典派とケインズ派の違い（2） ……………………………………………………108
　　4.4-1　新古典派の景気循環論 …………………………………108
　　4.4-2　ケインズ派の景気循環論 ………………………………109
4.5　ISバランスからみた日本経済の課題 ………………………112
4.6　財政のしくみ …………………………………………………113
　　4.6-1　財政の役割 ………………………………………………113
　　4.6-2　予算制度 …………………………………………………114
　　4.6-3　国の収入 …………………………………………………115
　　4.6-4　政府の支出 ………………………………………………118
　　4.6-5　公債累増と財政改革 ……………………………………120

| CONTENTS | 目次

  4.7 金融のしくみ ……………………………………………………… 123
    4.7-1 金融システムとは ……………………………………… 123
    4.7-2 間接金融と直接金融 …………………………………… 123
    4.7-3 市場取引と相対取引 …………………………………… 126
    4.7-4 金融の証券化 …………………………………………… 126
    4.7-5 金融における中央銀行の役割 ………………………… 127
    4.7-6 金融システム崩壊はなぜ起きるのか ………………… 129
  コーヒーブレイク：日本銀行豆知識 …………………………………… 131

第5章 グローバル社会と国際経済

  5.1 国際貿易と多国籍企業の活動 ………………………………… 133
    5.1-1 国際貿易 ………………………………………………… 133
    5.1-2 GATT／WTOとFTA・EPA ………………………… 135
    5.1-3 比較優位と貿易の利益 ………………………………… 137
    5.1-4 多国籍企業の活動 ……………………………………… 140
  5.2 国際収支統計とマクロ経済 …………………………………… 143
    5.2-1 国際収支統計の見方 …………………………………… 143
    5.2-2 アブソープション・アプローチ ……………………… 147
  5.3 外国為替市場と為替レート …………………………………… 148
    5.3-1 外国為替取引 …………………………………………… 148
    5.3-2 外国為替市場 …………………………………………… 149
    5.3-3 外国為替市場の規模 …………………………………… 149
    5.3-4 円高・円安の意味 ……………………………………… 150
    5.3-5 円安になると輸出が有利になる ……………………… 150
    5.3-6 中央銀行による為替介入 ……………………………… 151
  5.4 外国為替レートの決定 ………………………………………… 152
    5.4-1 外国為替市場による価格メカニズム ………………… 152
    5.4-2 何が為替レートを動かすか …………………………… 153
    5.4-3 購買力平価説 …………………………………………… 154
  コーヒーブレイク：ビッグマックを使った経済指標はとても分かりやすい！ ……………………………………………………………… 157
  5.5 金利裁定式 ……………………………………………………… 159

  5.5-1　カバー付金利裁定式による為替リスク・ヘッジ ……………159
  5.5-2　カバーなし金利裁定式 ………………………………………160
 コーヒーブレイク：ヨーロッパ通貨統合とユーロの誕生 ……………162
 5.6　国際通貨と国際通貨制度 …………………………………………163
  5.6-1　国際通貨とは何か …………………………………………163
  5.6-2　金本位制度 …………………………………………………167
  5.6-3　ブレトン・ウッズ体制 ……………………………………168
  5.6-4　ニクソン・ショックと変動相場制への移行 ……………168
  5.6-5　通貨危機 ……………………………………………………170
  5.6-6　固定相場制か変動相場制か ………………………………171
 コーヒーブレイク：サブプライム・ショックによる世界金融危機の
 本質とは？ ………………………………………………………………172

## 第6章　数学的補論

 6.1　1次関数の性質 ……………………………………………………173
  6.1-1　変数と関数 …………………………………………………173
  6.1-2　1次関数の傾き ……………………………………………175
 6.2　1次関数の応用1～ミクロ経済学編～ …………………………179
  6.2-1　市場均衡 ……………………………………………………179
  6.2-2　需要曲線・供給曲線のシフトと均衡点の移動 …………181
 6.3　1次関数の応用2～マクロ経済学編～ …………………………183
  6.3-1　マクロ経済の均衡 …………………………………………183
  6.3-2　景気変動と均衡GDPの変化 ……………………………185
  6.3-3　ISバランス ………………………………………………188
 コーヒーブレイク：経済学は「社会科学の女王」 ……………………190

参考図書 ……………………………………………………………………191
索　引 ………………………………………………………………………195

#  経済学とは何か
## ～まずその全体像を知ろう～

　本書の目的は，市場経済が様々な経済問題をどのように処理し，解決しているのかを解明することにある。それらは第2章以降の各論で明らかにされるが，「木を見て森を見ず」ということにならないように，本章では市場経済の全体像をまず明らかにする。そして，市場が経済の根本的問題を処理している過程から不況や失業そして貧富の格差など今日的問題が発生していることを示し，これらの問題その他がさらに掘り下げて議論される後の各章との橋渡しをおこないたい。

## 1.1 根本的経済問題とは？

　「経済学とはどういう学問なのか？」と尋ねられれば，「そこに経済問題があるからだ」とまず答えなければならない。それはわれわれの世界に経済問題がなければ，経済学そのものは存在しえないからである。つまり，われわれの社会に様々な経済問題が発生しているから，その原因究明と解決策に関心を寄せ，それを研究の対象とする学問が存在する，それが経済学である。
　では，われわれの社会に発生している経済問題とは何か？その代表例は，(i) 不況と失業，(ii) 貧富の格差などであろう。これらの問題に経済学は答えなければならないが，学問というのは経済評論などと異なり，個々の経済問題を場当たり的に論じるというのではなく，問題の本質を論じるところに大きな特徴がある。物事の本質が理解出来れば，そこから派生する上記のような個別の問題が自然に解明されるからである。そこでまず始めに，個別の経済問題ではなく，どのような国でも当面する根本的な経済問題を考えてみることにしよう。
　どのような社会でも，われわれが欲しいだけのもの，これを経済学では**財**[1] (goods) というが，それを自由にいくらでも入手できれば経済問題は発生し

1

ないだろう。しかし一般的には，われわれの無限の欲求に対して財が相対的に希少であるところに根本的な経済問題があるといえよう。

これまであった財は誰かに所有されているか，あるいはわれわれの欲求を満たすために，すでに消費されているとしよう。それでもわれわれはまだ満足せず財を欲すれば，新たに財を生産しなければならないことになる。しかし，それを生産する生産要素そのものが，例えば，労働とか土地等が有限であるために，われわれの無限の欲求を満たすようには生産できない。このような制約された状況下では，何をどれだけ新たに生産すればよいのか，またそれを誰にどれだけ分配すればよいのかという「生産と分配の問題」がどこの国でも発生する根本的問題であるといえよう。

## 1.2 市場経済の基本的仕組み

生産と分配の問題を処理する1つの方法として，わが国を始め多くの国で採用しているものが「市場経済」といわれるシステムである。この仕組みを解明するのが，まさに経済学である。それは次章以降で明らかにされるが，その議論は多岐にわたるので，小路に迷い込まないように，本章では市場経済の全体像をまず提示し，その後の各論が，その全体像のどの部分を議論しているのかの手がかりになるようにしたい。

財を売りたい人とそれを買いたい人が集まり，自由に売買するところを**市場**（market）というところから，このような経済取引を**市場経済**と呼んでいる。市場経済の基本的な仕組みを図示したものが図表1である。その図に沿って，市場経済がどのようにして生産と分配問題を処理しているのかを概観しておこう。

市場経済は，**生産物市場**と**生産要素市場**に大別される。前者は，ある一定期間に生産された財，つまり**生産物**[2]が売買される市場である。後者は，財を生産するための要素，つまり**生産要素**が生産期間貸し借りされる市場である。こ

---

1. 経済学では，希少性を持つ財が**経済財**と定義され，その研究対象になる。それに対して，希少性を持たない財は**自由財**と呼ばれる。なお，本章では簡単化のために経済財を単に財，あるいは**商品**と呼ぶことにする。

図表1　市場経済の基本的仕組み

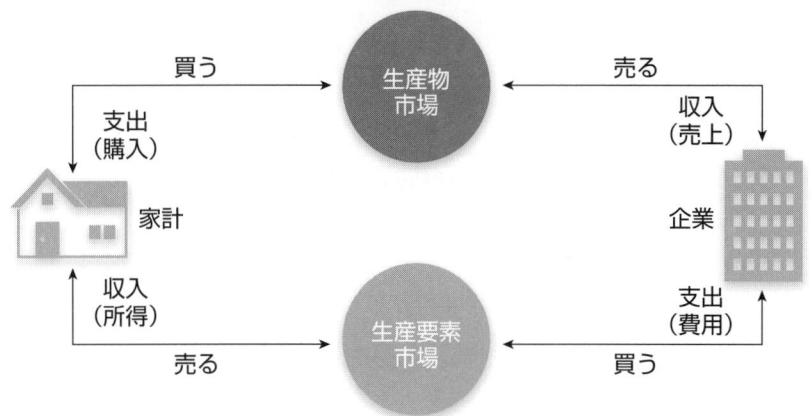

(注) ①生産物市場では生産物の所有権が売買され，生産要素市場では生産要素の使用権が売買される。
②お金は時計回わりに回わり，物や要素はその逆回わりになる。

の両市場で経済的取引をする主体も**企業**と**家計**に大別される。前者は，生産要素を生産要素市場で借り，それで財を生産し，生産物市場でそれを販売する経済主体である。後者は，所有している生産要素を生産要素市場で貸し，そこで所得を稼ぎ，生産物市場で生産物を購入する経済主体である。

　ここで補足的事項を述べておこう。**経済主体**とは，いくらの値段でいくら生産・販売するかなど様々な経済的意思決定をする単位である。この単位は，個人単位，グループ単位，組織単位などを想定している。いま個人単位で考えると，国民は家計と企業に二分されるわけではない。企業の立場で意思決定を下す人は，家計の立場で何をどれだけ購入するかなどの意思決定もするからである。

　それでは，生産物市場の取引過程を簡単にみておこう。ある価格の下で，生産物を売りたい量（供給量）が買いたい量（需要量）を上回っている供給超過の場合は，どのような生産調整がなされるのであろうか？　企業はその価格を

---

2.生産される財（生産物）には，有形のモノだけではなく，無形のモノ（一般には**サービス**といわれるモノ）もあるが，簡単化のために，ここでいう生産物は両者が含まれているとする。

引き下げるかもしれない。価格が下がれば，買いたい人も増えるだろうから，需要量が増えて生産量に近づいてくる。このような調整を**価格調整**というが，これは生産物1単位あたりの利益を減少させるので，価格をそのままにして，生産量を減少させ需要量に近づける方法もある。このような調整を**数量調整**という。どちらの調整機能が実際に強く働くかは，財の性質や市場の状態によって決まる。このような問題は第3章で詳しく論じられるが，結論的にいえば，このような市場調整機能によって，「多くの人が望むような生産物が多く生産されるという形で生産問題が処理される」のである。

　ところで，上例のように供給超過の場合は，生産量を下げたり，価格を下げたりして，生産調整がなされると述べたが，それがある財の生産物市場だけではなく，他の多くの財の生産物市場でも同様な供給超過が起こっていればどうなるであろうか？　その場合，多くの企業が生産量を減少させ，利益を減少させることになる。そうなると企業は弱気になり，さらに生産量を減少させ，価格も下げることになり，多くの企業は利益を失うだろう。これがいわゆる不況である。そして生産量の減少は雇用の減少につながり，失業を発生させる。これが本章の冒頭で例示した（i）で，生産問題のまさに問題点である。ここでは供給超過を前提に話を進めたが，なぜ供給超過が起きるのか，そして不況から脱出する方法が市場経済にはあるのかなどは第4章で議論されるので，次にもう1つの分配問題は，どのようにして処理されるかに話題を移すことにしよう。

　分配問題は財の生産に絡んでいる。財を生産するには，そのための生産要素と一定の生産期間が必要となる。そこで生産要素市場に注目しよう。ここでは生産要素が取引されるが，生産物市場と異なり，生産要素そのものが売買されるわけではない。モノの売買は売った人が買った人に，そのモノを永遠に所有し自由にしてよいという権利，つまり**所有権**を与えることを意味する。生産要素の代表である労働力そのものが売買されれば，それは奴隷市場となる。そこで家計は自己の所有している生産要素を一定期間だけ使用してよいという権利，つまり**使用権**を企業に売ることになる。つまり生産要素に関しては，家計と企業の間で，一定期間の貸し借りが行われるのである。そこが生産要素市場で，そこでは生産要素の借り手である企業は，その貸し手である家計に**賃貸料**

（レンタル料）を払うことになる。この賃貸料が家計の**所得**となることはいうまでもない。

家計は，この所得で生産物を買うことになるので，好みの問題を別にすれば，「所得の多い人に多くの生産物が分配されるという形で分配問題が処理される」ことになる。これはまた賃貸料の問題を別にすれば，「生産要素を多く提供した人に多くの生産物が分配される」と言い換えることができる。いずれにしても市場経済では，このような形で生産と分配問題が処理されるのである。そこで，もう一度図表1に立ち戻れば，読者は市場経済の全体像がイメージできるであろう。

## 1.3 所得分配は公平か？

所得の多い人に多くという分配の仕方は，市場経済の処理過程から派生する経済問題の一例として，本書の冒頭であげた (ii) 貧富の格差問題である。この問題の本質は，家計が所有する生産要素の種類に関係している。この点に一応触れておう。

財の生産に必要な**生産要素**は，労働と土地そして資本に分類される。労働と土地は自然に存在している自然資源である。これに対して，財を生産する目的で生産された財を**資本財**といい，その財の蓄積，つまりストックが**資本**と定義される[3]。具体的には，現存している機械設備・建物などが資本ということになる。この資本という名は，それが生産の元手となりうるところから付けられている。

ところで，労働サービスが売買される単位時間当たりの価格を**賃金**という。単位時間が1時間であれば，その賃金は時給と呼ばれることはいうまでもない。この賃金が仕事によって異なれば，それが所得格差を生む源泉となる。この「賃金格差から生じる所得格差の問題」は自己の努力によって改善できるかも知れない。それは高い賃金のほうで働けるように努力すればよいからである。

---

3. 会計学の資本の定義と異なることに注意されたい。

なお，賃金がどのような原理で決まるか，賃金格差がどういう状況下で解消に向かうのか等という問題は，まさに経済学が答えなければならないものであるので，本書の第3章で論じられるが，ここでは労働以外の生産要素も含めた観点から所得格差の問題に触れておこう。

生産要素である労働は家計はみな等しく所有しているが，土地や資本はそうではない。この土地や資本を有している家計は生産要素サービス市場を通じて，それらを企業に貸し付ければ，企業からその対価としての賃貸料が得られる。この場合，その賃貸料収入と労働サービスへの対価としての賃金所得の合計が家計の所得となるので，より多くの生産要素を提供した家計がより多くの所得を稼げることになる。もし家計Aが労働しか生産要素を持っていなければ，労働に加えて**実物資産**[4]（土地と資本）も所有している家計Bより所得水準が低くなる可能性がある。この「資産格差から生じる所得格差の問題」は，初めからその資産を有しているか否かに関わっているので，不公平感を募らせる大きな問題であるといえよう。

しかし，初めから実物資産を有していない家計は，ただ嘆いているばかりでも始まらない。ではどうすればよいか？その答えは貯蓄をすることである。それが土地や資本を購入する資金になるからである[5]。貯蓄をしなければ，その分余計に消費できるので，今の生活を楽しむことができるが，失業などで働けなくなったとき，収入源がなくなる。貯蓄をして土地や資本を購入していれば，老後や病気などの場合，土地や資本からの収入が得られることはいうまでもない。今の豊かさを抑えて将来の豊かさを取ろうという努力は，所得格差を徐々に縮められそうに思える。しかし初めから実物資産を有している家計が，同じような努力をすれば，所得格差は簡単に解消しないといえよう。これは「市場経済の限界」を示している。このような資産格差による所得格差の拡大を縮小させる最後の頼みは政治である。これについては次節で述べることにしよう。

---

4. 土地や資本は実物資産と呼ばれている。
5. 貯蓄が土地や資本に替わる金融の仕組みは第4章で論じられる。

## 1.4 政府の役割

　図表1の説明のところで,「生産物市場では所有権が売買される」と述べたが,これは一人がお金を出してあるモノを獲得すれば,他の人はそれを得られないという「排除性」があることを意味している。このような性質を持ったモノは**私的財**と呼ばれるが,それは市場で売買できる。しかし,そのような性質を持たないモノもある。例えば,山火事があり,ある家がお金を出して民間消防会社に消火を依頼した場合,隣の家はお金を出さずに「ただ乗りできるという不公平問題」,つまり**フリーライダー問題**が生じる。このように排除性を持たないモノを**公共財**というが,このような財は私的な市場取引では処理できない。ここにも「市場経済の限界」がある。

　この問題を処理できるのは,やはり政治である。ここに市場経済を補完することのできる第3の経済主体として**政府**が登場することになる。公共財は公的機関である政府が供給する,つまり公共サービスをすることが望ましいということになるが,そのためにはお金が必要となる。そこで公共サービスを受ける需要側の家計や企業は,そのお金を支払わなければならない。それが**税金**である。そこで,税金の決め方はどのような方法が良いかが問題となる。これについては第4章で議論されることになるが,ここでは前節で問題にした所得格差に関連した税の決め方に触れておこう。

　政府が税金を課す場合,国民一人一人から等しい金額を取ることもできるが,ここではその課税方法に「資産格差による所得格差を縮める役割」を持たせる場合を考えてみよう。子孫に資産を残そうとする家庭に100％の遺産相続税を課せば,どの家庭も次の世代は同じスタートラインに立つことができるので,後は自己の努力しだいということになる。しかし,これには異論が出るであろう。子孫に資産を残そうとした努力を無視することへの反論である。

　市場経済を採用している国は,一般的に民主主義国家であるので,政府は多数意見に従うことになる。100％の相続税は極論であるので,いま多額の資産保有者に重い相続税を課すのが良いか,軽い相続税が良いかで意見が分れているとしよう。多額の資産保有者は,一般的に軽い相続税に賛成であろうが,彼

らが少数派であればその意見は通らない。しかしこのような状況下でも，軽い相続税が実現することがある。それは，多くの資産を残したい人は熱心に選挙に参加するが，その他の人が暢気(のんき)で選挙に参加しない場合に実現することになる。民主主義は原理的には，多数決で決まる仕組みになっているが，それは選挙に参加した人の中での多数決であることを忘れてはならない。

## 1.5 市場取引はフェアか？

　市場経済は売り手と買い手の取引によって成り立っているが，その取引はフェアであることが望ましい。そうでなければ，市場経済がうまく機能するとは言い難い。市場機能がうまく働かない状況を**市場の失敗**というが，どのような場合に市場取引がアンフェアになるのか？　その場合には，公正な取引が行われるような制度を政府が作らなければならない。この問題は第3章で議論されるので，ここでは生産物市場の取引から簡単な例のみを示しておこう。

　市場取引がアンフェアになるわかりやすい例は，ある商品の内容に関して，買い手と売り手の間に**情報格差**が存在する場合である。つまり，生産者である企業は商品の内容についてはよく知っているが，消費者である家計がそれをよく知らないことを利用して，インチキな商品を家計に売るということである。このようなアンフェアな取引が起こらないように，政府は生産者に商品の情報開示と責任を義務づける法律を作成し，監視しなければならない。

　わかりやすい例のもう1つは，**価格交渉力格差**であろう。これは商品の売り手である企業が**独占企業**か，あるいは**寡占企業**が結託すれば，企業側は独占的価格支配力をもつので，それで価格が不当につり上げられたとしても，買い手である家計は他に選択の余地がないので，その高い価格を受け入れざるを得ない。市場がこのような状態にあれば，政府は独占禁止法などの法律を作り，その監視を行うことが重要となる。

　この例からわかるように，企業の数は家計と同様に多いほうが市場取引はフェアになる。そして，企業の数が多くなればなるほど生産物は多く，しかも安く供給されようになる。市場経済にはこのような利点がある。しかし，企業数が増えすぎれば利益を失うようになり，最後には企業倒産を引き起こす。これ

が多くの市場で生じる場合が不況である。市場経済はこのような欠点も持ち合わせているので，その欠点を補う方策の１つが**参入規制**である。これは企業が増えすぎないように，企業の新規参入を政府が規制する政策である。

　上記の例が示しているように，自由な市場取引だけに任せておくと市場は失敗することがあるので，それを防ぐ役割を担うのが政府である。しかし，その政府が十分な役割を果たさない場合がある。それを**政府の失敗**というが，その失敗は国民の代理人（agent）である政府に対して，公正な政策を依頼する人（principal）である国民の**ガバナンス**[6]が有効に働かない場合に起きる。それはプリンシパルとエージェントの間に存在する情報格差とモラルハザードが生じる場合に現実のものとなる。これを**プリンシパル・エージェント問題**という。参入規制を例にとって説明しよう。

　参入規制政策には大きな欠陥がある。それは規制に守られているために，良い商品を開発し安く売ろうとする努力を怠るという**モラルハザード**[7]が企業に生じ，経済を停滞させるという点である。また自己に有利な規制を願う業界が政府に不正に働きかけ，政府も利己的にそれに応じるというモラルハザードが両者に起きる可能性がある。このようなモラルハザードは，何も参入規制政策に限られたものではない。アンフェアな市場取引の例にもみられるように，一般的に問題は企業側にあるので，企業側の責任を甘くするような法律や監視を政府に働きかける企業との癒着も生まれる可能性がある。

　これを防ぐためには，不利益を被る側の家計が政府をしっかり監視しなければならない。しかし，そこには政府は知り得るが，家計は知り得ないという情報格差が存在する。そこでこの情報格差を少しでも縮める役割を果たすのが，新聞やテレビ等の報道機関である。家計はこれらを利用し，選挙を通じて政府に情報公開を迫り，正にモラルの高い政治家を選ばなければならない。しかし，企業側は自己の利益のために熱心に選挙に参加するが，家計側にモラルの高くない人が多くいて，選挙に参加しないか，あるいはいい加減な投票行動をとれば，政府の失敗を引き起こすことになる。

　このような例は過去の事実が証明している。したがって参入規制に対して反

---

6. governance（統治・管理）
7. moral hazard（道徳的危険）

対し，**規制緩和**を主張する人々もいる。規制緩和は新しいアイデアを持つ新しい企業を市場に参加させ，経済を活性化させるという良い面を持っている。しかし，前に述べたように競争の激化によって企業倒産を引き起こす面もあるので，規制緩和は同時にそのような危険に対処できるような**安全網**（safety net）を用意しておかなければならない。その具体例としては，倒産・失業に備えた保険制度の充実や倒産・失業から立ち上がり易くするための再チャレンジシステムの構築などがあげられよう。

ところで，危険に対処するという意味では，参入規制も安全網の1つであるといえよう。そう考えると，国民は参入規制と規制緩和のどちらの政策を選ぶであろうか？　これは個人の生き方にも関係している。リスクはあるが果敢に自由なチャレンジができ，失敗したら敗者復活できる社会が良いと考えるのか，それともリスクの少ない世界で安心して働ける社会が良いと考えるのか？　ただし後者の場合は，初めからリスクの少ない世界に身を置いている人は良いが，後からその世界に参入することは難しい点を忘れてはならない。前者のほうは失敗したときの安全網が，まさに空中ブランコのネットように，しっかり張られていないとチャレンジそのものができなくなる。さてあなたはどちらを支持するか？　日本人とアメリカ人ではどうだろうか？　これはこれから国のあり方，つまりは政治のあり方にも関係している問題でもあるので，今後大いに議論されるべき課題であろう。その議論を深めるためにも，第2章以降の議論が参考となることはいうまでもない。

## 1.6　本書の構成について

経済学は長い歴史を持ち理論体系を持っているので，これから展開される議論を場当たり的に学ぶということのないように，この章では，まず市場経済の全体像を示しながら，全体の中のどこで，何が問題になっているかを明らかにしてきた。したがって読者は第2章以降で，それらの問題を深く学ぶ場合，それが市場経済のどこで起こっているのかをイメージしながら本書を読んで欲しい。それらの問題は図表1の市場経済のイメージ図からもわかるように，各市場や各経済主体を通じて，相互に関連しているからである。

本章では今後の議論のために市場経済の問題点を理論的に概観してきたが，実際の経済問題はどのようにして発生し，それがどのようにして改善されてきたか，あるいは改悪されたかという経済の歴史を振り返ることも重要である。「歴史は繰り返す」ともいう。過去の歴史から現在の経済問題を解くヒントや将来を予測するヒントが得られるであろう。そこで次の第2章の「経済社会を歴史的にみる」では，日本の経済史だけでなく，ヨーロッパ経済の歴史も学ぶ。それは，先に進んでいる国には，いろいろな経済問題を抱えながらそれを解決してきた（あるいは失敗してきた）歴史があり，後から進む国には，それが大いに参考になるからである。

　ところで，過去の歴史は様々な資料によって，その事実が明かされることになるが，その資料分析に役に立つ学問が「統計学」である。本書では紙面の制約から，その学問の有効性にここでは触れることが出来ないので，大学の講義などを受講して欲しいが，本書の議論に関連する基本的な数学用語については「付録」として第6章の「数学的補論」で解説されているので参考にされたい。

　さて，過去の現実から実際の経済問題を学んだ後の章では，そのような問題を理論的に分析する経済学を学ぶことになる。今日の経済学の分析方法は2つある。それはミクロ分析とマクロ分析という方法である。前者は第3章の「市場経済とミクロ経済学」で，後者は第4章の「国内総生産（GDP）とマクロ経済学」で取り上げられる。

　ミクロ分析のミクロとは微小なことの意で，「ミクロ理論」あるいは「ミクロ経済学」と呼ばれている。これは個々の企業や家計の行動パターン，つまり意思決定問題などが分析されるので，競争的な市場と独占的な市場の個々の価格の決定問題，さらには寡占企業の経済戦略などが解明されることになる。また生産要素市場では労働市場が取りあげられて賃金格差の問題などが議論されることになる。

　第4章で論じられるマクロ分析のマクロとは巨大なことの意で，「マクロ理論」あるいは「マクロ経済学」とも呼ばれている。そこでは個々の市場ではなく，一国全体として，どれだけの生産が決定されるのか，換言すればどれだけの国民所得が決定されるのかという問題を中心に分析するので，景気変動や失業問題等の究明に役立つ。そして，これらの問題に対する政府の方策としての

財政政策や金融政策も取り上げられることになる。

　現実の市場経済を広く見渡せば，それは国内だけではなく，外国も含んだ形で取引がなされている。ここに第4の経済主体としての**外国**が登場することになる。日本は外国に生産物などを売り（輸出），外国の生産物など買う（輸入）。このような貿易問題は第5章の「グローバル社会と国際経済」で取り上げられる。外国から商品を輸入することができれば，それだけ家計は多くのものを消費できる。これは貿易の利点であるが，それが日本の商品と競合するものであれば，日本の企業は過剰な競争にさらされることになる。そこで貿易問題にも，外国商品を閉め出して日本商品を保護するほうが良いか否かという問題が生じる。これは前に述べた「参入規制」と「規制緩和」の議論に似ているが，第5章では保護貿易か自由貿易かという形で取り上げられる。また貿易の支払で重要となる為替レートの決定問題なども，そこで議論されることになる。

　以上のような経済問題をあなた方はこれから学ぶことになるが，それによって「経済を見る眼」を持つことができた人は，経済社会での活躍が期待されよう。そして，「経済を見る眼」は「政治を見る眼」を養うことにもつながる。本書がそのような「眼」を養う手助けになれば，われわれの望外の喜びである。

# 経済社会を歴史的に見る

## 2.1 経済社会の仕組み

### ■2.1-1　経済活動　生産・労働

**人類生存の基本条件**

　豊かに暮らすとはどういうことだろうか。欲しいものを手に入れるにはお金が必要である。そこから，お金＝貨幣が社会の富であり，それをたくさん持つ社会こそが豊かな社会だと考えるかもしれない（＝初期の経済学の考え方）。しかし，貨幣そのものは食べることも着ることもできないのだから，それで買える物がなければならない。そもそも人間が生きていくには食料・衣料・住宅などが不可欠なのである。そうした生活必需品や便益品こそが社会の富であり，それが豊富な社会が富裕な社会と言える。

　それらの獲得のために人間は働く（＝**労働**する）。人間は欲望充足に適合した形に自然を絶えず作り変え（＝**生産**），その成果である生産物を分配し消費する。これが人間の基礎的な営みである。この活動の繰返しが人類生存の基本条件である。こうした生産・分配において人間が相互にとり結ぶ関係（＝**生産諸関係**）の総体が経済構造である。

**労働過程の諸要素**

　生産に必要なのは労働・労働対象・労働手段の 3 要素である。**労働対象**とは人間が働きかける対象のことであり，天然に存在する資源とすでに労働で加工された原料とがある。また，労働対象には例えば照明用の電気や燃料用の石炭・石油等の補助材料も含まれる。この対象へ自分の活動を伝えるために，「手の延長」として役立てる物またはその複合体が**労働手段**である。それには，物理的な性質を利用する道具やそれの発展した機械などの機械的労働手段

13

(「生産の筋骨系統」）と，化学的な性質を利用するための桶・樽・タンク・管などの労働対象の容器・装置（「生産の脈管系統」）とがある。前者の種類の労働手段が規定的な意味をもつが，後者の種類の労働手段が重要な役割を演じる産業もある（化学工業など）。なお，労働の作業場面である土地や建物，道路，運河などは広い意味での労働手段である。労働手段と労働対象は，労働過程の客体的諸要因であり，一括して**生産手段**と呼ばれる。

**人間労働の独自性**

人間の労働は，動物の本能的な所作とは異なり，自然が与えてくれるものをただ受動的に受けいれるだけではなく，自然を制御する活動である。

その労働の特徴は，①最初に目的として意識されたものが労働の結果として出てくるという意味で，目的意識的ないしは合目的的な活動である。下手な大工でも精巧な巣を作る蜜蜂より優れているのは，彼は建築する前にすでにそれを自分の頭の中で建築しているということである。労働者は自然的なものの形を変化させるだけでなく，そのことによって，同時に彼の目的を実現するのである。②道具や機械などの労働手段が用いられる。労働者はその目的実現のために，彼が知っている自然法則を意識的に利用する。そうしたものとして，道具や機械といった労働手段を作り出し使用する。そのために，人間は「道具を作る動物」だとも言われている。③労働は，人々が協力して社会的に行われる。人間が自然に働きかける場合には，人々がばらばらにではなく，なんらかの形で集団を組んで行なう。つまり，労働は，個々の孤立的な労働としてではなく，社会的に結合された労働として行なわれる。このようにして獲得される労働の成果が，社会を構成する人々に分配され消費される。

**労働の成果・労働と自然**

労働の結果としての生産物は，①人間の欲求充足に直接役立つ**消費財**と，②生産を行なうために用いられる道具・機械・原料などの**生産財**（生産手段）とに二大区分される。

また，労働は人間自身を成長させる。人々は，労働を通じて，自然の法則を理解し，思考力などを高め，より合理的な生産方法を発見し，そして，社会的

に働くなかで意思を確かめあうために言語や文字を使用する。人間のなかに眠っている自然（＝人間の潜在的能力）が目覚め発展し，人間が人間的存在になる。

このようにして，人間は自然を制御する能力（**生産力**）を高める。しかし，その一方で，マイナスの生産物というべき廃棄物も生み出し，それが自然を破壊し，人間の生存基盤を揺るがしている面もある。

## ■2.1-2　資本主義社会の経済的特徴

私たちが生きているのは資本主義社会である。この社会の経済的特徴は，第1に生産物は商品として貨幣を仲立ちに市場で売買されている（**市場経済**），第2に資本家と労働者という階級によって基本的に構成されており，資本は利潤の獲得を目的に運動する，第3に企業間では激しい競争が行なわれ，資本蓄積と経済成長が進んでいるという点である。

**商品と貨幣**
**①社会的分業**
　資本主義社会では厖大な生産物が商品として売買の対象となっている。これは，一人の生活を維持するために必要なさまざまな種類の生産物が，社会のさまざまな場所で多くの人々の労働によって生産されているということを意味している。そして，私たちも何らかの特定の仕事に従事して，あるいは将来従事して，社会の他の多くの人々の生活に役立とうとしている。各自は社会全体にとって必要な生産物を分担して生産しており，社会全体の労働はさまざまな種類に分割されている。こうした仕組みを**社会的分業**という。こうした仕組みが商品の売買（流通）の基礎にある。

　この分業を重要視したのが**アダム・スミス**『**国富論**』[『**諸国民の富**』]（1776年）である。彼が分業の説明のために例に挙げたピン製造業の作業場では，ある者は針金を引き伸ばし，次の者はそれを真っ直ぐにし，3人目がこれを切断し，4人目がそれを尖らせ，5人目はその先端を磨くというように，仕事は別々の作業に分割されている。

　このように人々が特定の仕事に従事すれば，同じ時間で多くの生産物が，ま

たは同じ生産物が少ない時間で生産される（労働生産性の上昇）。こうした生産力効果が生じるのは、作業の単純化・専門化によって労働者の熟練度・技能が飛躍的に向上する，道具の改良が促進される，平均的強度で労働することが労働者に強制されるという事情からである。その反面として、分業には労働者の能力が一面化してしまう弊害もある。なお，1つの作業場の中で各人が分担して生産する仕組みは作業場内分業とも言われ，社会的分業とは区別される。労働の分割が，前者では計画的で後者では無政府的であるという違いがある。

### ②商品と貨幣，市場

生産手段が私的所有されている場合には，生産手段の所有者がその利用に関する決定権を持っており，生産物もその所有者のものとなる。社会的分業が行なわれ，生産手段が私的所有されている場合には，生産物はその所有者間で売買の対象となるものとして**商品**となる。その商品の価値表現の材料として，また，商品交換（流通）の手段として**貨幣**が用いられる。人々は，商品を貨幣と交換し（販売），貨幣で必要な商品を手に入れる（購買）ことになる。

### 資本の運動と目的

上記の貨幣を資本と考える人がいるかもしれない。また，ある人は機械で原料を加工して生産している工場や，あるいは出荷された商品やそれを販売している商店を思い浮かべるかもしれない。しかし，それらのいずれかだけを取って資本とするのは一面的である。

資本家は，先ず元手となる貨幣を持ち，それを投じて工場を建て機械を設置し原材料を用意し，労働者を雇い入れる（生産手段と労働力の購買）。次にそれらを結合して生産を行ない，そして生産した商品を販売する。こうして資本は当初の貨幣の形態に復帰する。この一連の運動を通して，資本家は最初に投下したよりも大きな額を回収しようとする。このような貨幣・生産・商品の形態を順番に経過しつつ自己増殖する運動体が資本である。

このような運動で，例えば1000万円を投下して1000万円を回収したのでは意味がない。1100万円の売上げがあれば，資本家は投下した資本を回収すると共に，差し引き（1100万円－1000万円＝）100万円のもうけを得る。商品の販売

図表2-1　資本の運動プロセス

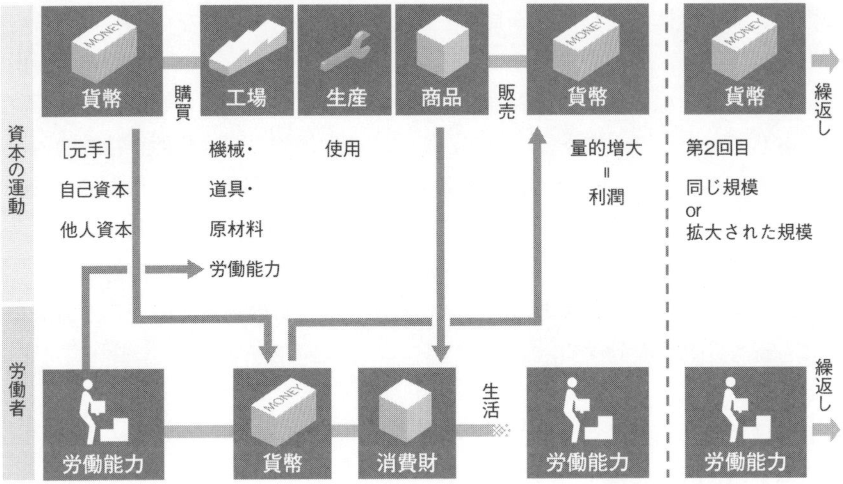

価格からその商品を得るのに要した費用を差し引いた金額が**利潤**となる。この利潤の獲得こそが資本家の目的である。

　なお，上のような一連の運動を行なう製造業の資本は産業資本とも呼ばれる。それと異なる商業資本の場合には，元手となる貨幣を投じて商品を仕入れ，それを販売して貨幣を回収すると共に利潤を得る。運動は貨幣－商品－貨幣となる。また，銀行資本の場合は，元手となる貨幣を貸して一定期間の後に借り手から貨幣を回収すると共に利子を得る。運動は貨幣－貨幣となる。利潤は産業資本の生産過程で生み出された付加価値（生産額から原材料費と減価償却費を差し引いたもの）から賃金を引いたものとも考えられるが，その場合には，生産過程で生み出された利潤が製造業者へは産業利潤として，商業資本へは商業利潤として，銀行資本へは利子として，株式所有者へは配当として，土地所有者へは地代として分与されることになる。

## 資本家と労働者（雇用・賃金）

　上の図表2-1において，資本家は元手となる貨幣の一部を用いて労働者を雇い入れている。資本家は経済活動を大規模に行ない，利潤を獲得するため

に，労働者を雇用する。このことは，この社会が資本家と労働者という基本的な階級によって構成されていることを示している。生産手段を所有しているのが資本家であり，その資本家は生産に関する重要な決定を行なっている。労働者は，生活費を稼ぐためには資本家に雇用される以外に方法はない。生産手段を所有していないからである。自らが所有する労働能力（肉体的・精神的能力＝労働力）を売って，その代価（**賃金**）を受けとる。労働者は人格を資本家に売るのではなく労働力を売るのである（＝**労働力の商品化**）。賃金の基本的大きさは労働力を維持するのに必要な生活費の社会的水準によって規定される。ただ，現実の賃金は，労働力の需要・供給関係，景気の動向，労使の力関係などにも影響され，変動する。

**経済発展と競争・独占**
**①資本蓄積・経済成長**
　消費とそれを支える生産は反復・継続されて行かなければならない。先の図表2-1において，資本家は投下した貨幣を運動の終わりには同じ貨幣の形態で回収しており，他方で，労働者の生活過程では労働力が再生産されると同時に消費財は消費されて無くなってしまうのだから，労働者は再びその労働力を商品として販売せざるをえない状態におかれていることとなる。こうして資本家による労働者の雇用関係は維持され，生産とそれによる消費は反復される。そして，資本家の目的は利潤の獲得にあるので，資本の運動は1回限りではなく繰り返し行なわれ，しかも，利潤を増大させるために，獲得した利潤を元の資本に追加し（**資本蓄積**），資本を増大させる。その結果，経済全体として生産の規模が次第に大きくなり，経済成長あるいは拡大再生産が可能となる。

**②自由競争と景気循環**
　資本家が経営する企業は相互に**競争**をしている。資本家は新しい生産方法（機械や設備など）を導入し，生産費用を少なくし，商品を他企業よりも低価格で販売しながら，特別の利潤を得ようとしている。生産力は生産の規模が大きくなればなるほど上昇するという関係にあり，また，その発展は生産財生産部門の発展を前提とし結果とするので，鉄鋼業・電機工業・化学工業・機械工業などの重工業の比重が高まる。技術革新は，新市場を開拓し，社会全体の生

産規模の拡大（経済成長）を促進し，経済発展の原動力となる。他方で，新しい生産方法を導入できない企業は損失をこうむり競争に敗退する。そうした企業は整理・淘汰されたり，他企業へ吸収・合併される。こうして資本の集積・集中が進む。

なお，資本主義経済は安定的に成長していくことができず，回復－後退ないしは恐慌－好況－不況というようないくつかの局面からなる**景気循環**が避けられない。それら諸局面が規則的に反復する景気の周期的変化はこの社会に特有の現象である。

### ③資本主義の構造変化（独占・寡占経済）

資本主義経済には競争を制限する傾向もある。自由競争自身が推進する生産の大規模化と，標準的諸条件での事業に必要な資本量の増大と，資本の集積・集中とが一定の点以上に達すると，少数の大企業が市場を支配する**独占・寡占**の状況が生ずる。ある産業部門内での少数の大資本は，自動車産業に典型的に見られる大量生産方式を確立し，生産の大部分を掌握し，価格や生産量について独占的な協定（**カルテル**）を結ぶからである。ここでは，少数の大企業が経済生活のなかで決定的役割を果たす経済構造となる。資本調達の機構としては，株式会社制度が一般化しており，また，銀行の役割も大きい。銀行業でも競争の結果として資本の集積・集中が進み，少数の大銀行が成立し，それらが独占的な産業資本と融資関係を持ったり，さらに株式保有・株式担保貸出しという形で長期的な信用を与えたりすると，両者の結びつきは深く恒常化する。こうして一体的な緊密な関係を結んだ指導的な大企業は，融資・株式保有・役員派遣・取引関係によって，直接・間接に多数の会社を連鎖的に支配する。さらに，販売促進活動や消費者金融に媒介された大量消費も行なわれている。

### ④資本主義の世界化傾向

資本主義は国外への対外膨張の傾向も持っている。商品は外国に輸出されるが，それだけではなく資本輸出も行なう。原料資源や販売市場，安い労働力を確保しようとして外国に対外投資をするのである。国内市場は中小企業や農業の停滞などで生産に対して狭く，過剰な資本が存在するからである。この資本輸出は，他国企業との競争と対立を伴いながら，国際カルテルによる世界の経済的分割に行きつく。さらに，資本輸出と経済的分割を確実にするために，資

| 第2章 | 経済社会を歴史的に見る

本主義諸国は地球上の諸国・地域を支配する傾向も見られた。

**⑤資本主義の段階的把握**

　自由競争の結果としての独占・寡占は20世紀以降の資本主義経済に特有の現象なので，それを寡占経済あるいは**独占資本主義段階**ともいう。それに対応して，自由競争が支配的であった19世紀の資本主義は，工業中心の産業活動によって発達したため，産業資本主義段階と呼ばれて区別されることもある。資本主義経済の特徴を一般的・抽象的に理解するだけでなく，資本主義の段階的要因も加えてより具体的に把握することが大切である。

## 2.1-3　資本主義社会の歴史的特徴

　資本主義社会にはどのような歴史的な意義があるのだろうか。人類史上において，資本主義に先立つ社会としては，原始共同体社会，奴隷制社会，封建制社会などが挙げられる。

　**原始共同体社会**では，狩猟や漁撈，採集が行なわれ，それには石器や弓矢などが用いられたが，そうした労働手段ではあまりにも生産力が低かった。人々は，衣食住を確保しまた自然や外敵の脅威から身を守るために，共同体を形成し，生産手段を共同所有し，労働には共同体の成員全てが従事し，生産物は平等に分配した。人々は貧しく，個人は共同体の中に埋もれていた。

　やがて，労働手段が鉄器などの金属製の道具に発展することによって，開墾や灌漑が行なわれ，農業や牧畜業，手工業が発達してくると，剰余が発生し，直接的生産者とそうでない人々とが分かれる（階級の発生）ようになった。古代ギリシャ・ローマには，人間として認められず一切の人格的自由を奪われ「ものを言う道具」として働かされる奴隷が存在し，そのため，その社会は**奴隷制社会**と呼ばれる。そこでの奴隷主は生産手段の全てと，労働力である奴隷を所有し，生産を行なわせ，生産物の全てを自分のものとして取得した。

　その後の**封建制社会**では，社会は基本的には領主と農奴の2つの集団＝階級に分かれ，主要な生産手段である土地の所有者は領主であり，農民は農具や役畜や種子などを私有していたが，土地は領主から借りて耕作を行なった。農民の労働またはそれによる生産物の多くの部分は賦役や年貢などの地代として経済外的強制によって領主に取得された。農民は身分制度に縛られ，職業や居住

地を自身で決められない農奴・隷属農民であった。

以上の社会に対して，**資本主義社会**では，人々は自由な人格として独立し，法の前では平等となっている。多数の労働者が一企業あるいは一工場に集められて大規模生産を行ない，生産手段としては機械や装置が用いられた機械制大工業が中心となっている。また社会的にも分業が進み，生産はより社会的な性格をもってきている。企業間の競争を原動力として，生産力は急速に進歩し，経済発展は急速である。

## 2.1-4　資本主義経済社会の問題点

**資本主義経済社会の問題点**

しかし，資本主義社会でも依然として貧富の格差が存在し，人々は経済的には不平等である。また，固有の問題としては失業や不況（恐慌）が存在する。

①**経済的不平等＝格差，長時間労働・労働疎外**

労働過程が資本家による労働力の消費過程として行なわれるので，生産物は資本家の所有物であって直接生産者である労働者の所有物ではない。労働者によって生み出された生産物は，その一部が賃金として分配されるが他の一部は非生産者である資本家のものとなっている。賃金収入は労働力の需給関係，景気の動向，労使の力関係などにも影響されて不安定である。そのために，富裕な人々とそうでない人々との間の格差はなくならず，経済的には不平等である。

労働者は資本家の統制と監督支配下に労働する。労働者の工場内における配置と分割も機械体系によって客観的に規定されており，労働者は資本に対して生きた附属物として合体させられ従属させられている。そして，機械の導入は労働の単純化をもたらした。また，資本は利潤の増大を目的としているので，労働時間は長くなり，労働強度・密度も大きくなる。そのために，人間にとって本来は能力を発展させる労働は苦痛となってしまう（**労働疎外**）。長時間・高密度労働という働きすぎは労働者の健康を破壊し，世代としての労働力の再生産すら危ういものとしている。

②**失　業**

また，資本家が労働力を購入しなければ労働者は就業を希望していても職を

得られないし，すでに職についている労働者でも解雇されて失業に追い込まれる場合もある。資本が蓄積されて経済成長しても，雇用が増えない場合があるからである。旧式の機械を性能の良い新しいものに置き換える場合にはより少ない人手で済むようになるので，それによる雇用減が資本の蓄積による雇用増よりも大きければ，失業者が発生するのである。不況の時には，資本の蓄積は少なくなるので雇用は減り，企業も倒産するので，失業は増大し，就職も困難になる。

③**周期的な恐慌**

　その不況の激しい場合を恐慌といい，その局面では生産された商品が販売困難となり，商品価格が暴落する。先の図表２－１の一連の運動の第３の販売過程で支障が生じ，資本の自己増殖運動が攪乱され，企業倒産が発生し，失業者が増大する。資本主義より前の社会での経済的な危機や混乱は自然災害や戦争などによる生産物不足や生産能力の荒廃にもとづいていた。それに対して，資本主義社会での恐慌という経済の混乱は，商品が**過剰生産**されたために起こるという点が特徴的である。恐慌は，生産物があまりに多く生産されたために，商品が売れず，失業者が増大し，貧困が深刻化するというきわめて不思議な現象であり，恐慌こそ資本主義の不合理や矛盾を集中的に表現している。恐慌の周期性は19世紀の中葉には機械の更新期間と対応したほぼ10年周期として典型的に現われている。

④**独占段階の２度の世界大戦**

　20世紀前半には政治的・軍事的支配による領土分割＝植民地領有が展開された。ここに資本主義の最大の矛盾は植民地再分割をめぐる帝国主義諸国間の対立となり，1900年前後の戦争や第１次世界大戦が引き起こされた。1929年には規模・深刻さ・範囲で文字通りの**世界大恐慌**が起こり，この後も続いた不況からの脱出を求めて，資本主義各国は対立を深め，第２次世界大戦を引き起こした。世界大戦の犠牲者や損害は厖大であり，資本主義の仕組みの矛盾は深刻なものとなった。

**資本主義批判＝社会主義**

　上のような問題点を持つ資本主義体制の批判が**社会主義**である。社会主義の

提唱者たちは自由で平等な個人の連合体による豊かで安定した社会を構想した。10年周期の恐慌に資本主義の矛盾を見た**マルクス**は，アダム・スミスやリカードの**古典経済学**およびヘーゲル哲学という近代の知的遺産の批判的継承によって，資本主義経済の仕組みを科学的に解明し（『**資本論**』1867・85・94年），社会主義への移行が必然であることを説いた。そして，20世紀には社会主義の実現を目標とした国々が誕生した。しかし，それらの諸国では，資本主義と対抗しながらの社会主義建設という条件下で，次第に官僚主義や非能率等の弊害が拡大し，現実の社会主義国は理想とした社会とは異なるものとなってしまった。

**資本主義の修正――経済過程への国家の介入**

それに対して，不況や失業，経済的不平等という資本主義の矛盾を緩和するために，資本主義諸国では，経済過程内部へ国家が大規模かつ恒常的に介入するというきわめて大きな変容が見られる。経済過程への国家の介入は，第1次大戦が総力戦となったことから始まり，1929年世界大恐慌を契機に公共事業による失業・不況対策が採られ，第2次大戦中も戦時統制経済として行なわれた。この政策を理論化したのは**ケインズ**である。彼は，不況期に不足している**有効需要**（貨幣支出を伴う需要）の創出を国家が行なうことによって景気は回復して行くとした。大戦後にはアメリカ主導の国際的協調体制（**国際通貨基金＝IMF**など）を背景に，国家の介入は大規模かつ恒常的になった。社会主義勢力の増大に対抗して，資本主義の優位性を示すために完全雇用の実現や社会保障の充実が必要となり，「冷戦」のために厖大な軍事力の維持が必要となったからである。

この国家による介入では，1）**完全雇用と不況克服・経済成長**のために，財政・金融政策による市場創出などが追求される。公共土木事業や軍事費への財政支出があり，金利と通貨量の操作を通じての投資刺激と物価維持が図られる。そして，租税制度や社会保障を通じての所得再分配によって消費も拡大される。また，安定的な経済成長のためにはインフレーションや景気の過熱・成長の鈍化という不安定要因へ対処する政策も採られ，持続的な成長のためには，貿易の拡大と生産性の向上および新産業創出的技術の振興を実現するため

の政策が採られる。2）**社会保障や公共サービス**の整備・拡充の政策は，国民の生活不安や破綻を緩和することを目的にしている。前者は，社会保険と公的扶助による最低所得の保障や医療サービス給付の保障を中心としており，後者は，公衆衛生・公共住宅・教育・社会福祉などに関するものである。

経済過程への国家の介入は，インフレーションを生み，1970年代中葉には経済停滞とインフレーションが併存するスタグフレーションをもたらし，その後も財政危機を深刻化させた。そうしたケインズ政策を克服しようとした**新自由主義政策**を背景に，現代の資本主義経済は**情報通信革命**や**グローバリゼーション**によって大きな発展を遂げたが，経済格差は深刻なものとなり，金融危機も繰り返され，2008年には世界経済危機に陥ってしまった。このように資本主義は依然として固有の問題を解決できていない。また，環境問題も展望が見えていない。

## 2.2 資本主義経済の確立と変容

### ■2.2-1 産業革命とその帰結

こんにちの資本主義経済の起源は，18世紀後半〜19世紀前半のイギリスで生じた世界で最初の産業革命に求められる。産業革命とは，工場制機械工業の普及に伴う社会構造の根本的な変化を意味する。すなわち，前近代社会に一般的であった風力や水力，畜力などの自然エネルギーに代わり，石炭の燃焼によって発生させる蒸気力のような人工エネルギーを動力源とする製造機械が導入されるとともに，分業化された各製造部門を有機的に統合する大規模な工場が出現し，低コストでの規格化製品の大量生産が可能となった。

イギリスの産業革命は綿工業を起点に幕を開けたが，その背景を理解するためには当時の国内外の状況に目を向ける必要がある。前近代においてはどの地域や国においても就業人口の大半が農業従事者であり，イギリスもその例外ではなかった。これは農業部門の生産性の低さによるものであったが，イギリスでは17世紀後半以降，農業革命と呼ばれる各種技術革新による生産性の飛躍的な増大により，同部門に労働力の余裕が生じ，工業部門へのシフトが可能とな

った。

　また，産業革命を遂行する上では多額の資本が不可欠の前提条件となるが，17～18世紀の重商主義戦争に勝利したイギリスは世界経済における覇権的地位を通じてその条件をクリアできた。15世紀に始まる大航海時代以降，新大陸およびアジアに進出した西ヨーロッパ諸国は，グローバル規模の国際分業体制（**近代世界システム**）を構築し，17世紀にはオランダがその覇権を握っていた。イギリスは17世紀中葉に，英蘭戦争の勝利によってオランダの覇権的地位を崩すとともに，18世紀前半には数次にわたるフランスとの覇権抗争にも勝利し，国際貿易の支配権を掌握した。

　この間に，イギリスの貿易構造にも大きな変化がみられた。貿易量が6～7倍に急増するとともに，図表2-2にみられるように，主要貿易相手地域がヨーロッパから新世界およびアジアの非ヨーロッパ地域にシフトした。その結果，輸入品目に綿花や砂糖などの熱帯産作物が増えることとなった。このような貿易構造の変化は商業革命とよばれ，イギリス国民の日常生活にも大きな影響をおよぼした。例えば食生活の面では，インド産の紅茶に中米産の砂糖を入れて飲む喫茶の習慣が広まり，また衣料については，伝統的な毛織物に代わってインド産の綿織物が大流行した。このような海外産品の輸入を通じた消費習慣の変化は，生活革命とよばれる。そしてこの生活革命が綿工業における工場

図表2-2　イギリス貿易相手の地域構成（1601～1775年）

輸入

単位：％

|  | 北西ヨーロッパ | 北ヨーロッパ | 南ヨーロッパ | アイルランドなど | 新世界 | 東インド |
|---|---|---|---|---|---|---|
| 1601～1602年（L） | 67 | 14 | 18 | — | 1 | 0 |
| 1620～1621年（L） | 56 | 6 | 30 | 0 | 1 | 5 |
| 1663～1669年（L） | 37 | 8 | 31 | 1 | 12 | 12 |
| 1699～1701年（E） | 24 | 10 | 27 | 6 | 19 | 13 |
| 1752～1754年（E） | 14 | 10 | 20 | 8 | 32 | 13 |
| 1771～1775年（E） | 10 | 13 | 15 | 11 | 37 | 14 |

輸出

単位：％

|  | 北西ヨーロッパ | 北ヨーロッパ | 南ヨーロッパ | アイルランドなど | 新世界 | 東インド |
|---|---|---|---|---|---|---|
| 1663～1669年（L） | 37 | 4 | 48 | 2 | 8 | 2 |
| 1699～1701年（E） | 42 | 6 | 34 | 14 | 12 | 2 |
| 1752～1754年（E） | 26 | 3 | 34 | 9 | 20 | 8 |
| 1772～1774年（E） | 15 | 3 | 22 | 10 | 42 | 7 |

注1）L＝ロンドン港，E＝イングランド＋ウェールズ
注2）輸出には再輸出は含まれていない。
（出所）川北稔『工業化の歴史的前提―帝国とジェントルマン―』岩波書店，1983年，134頁。

制機械工業の導入を需要面で準備したのであり，産業革命は商業革命によって需要が急増した海外産品に対する輸入代替の試みによって生じたと捉えることもできる。

　技術革新の動きは，綿工業以外の産業部門にも波及した。製鉄業においては，銑鉄製造過程でのコークス燃料の導入と，錬鉄製造過程でのパドル法の導入に代表される各種の技術革新により，高炉の燃料が木炭から石炭に推移し，木炭の不足による燃料問題が解決されると同時に，生産量の飛躍的な増大と品質の向上が達成された。また，産業革命の進行に伴う機械化の動きは均質な性能の機械を大量に必要にしたため，機械製造業においても各種の技術革新が進み，「機械による機械の製造」が可能となった。そして，産業革命末期の1830年代にはこれらの技術革新の結晶としての蒸気機関車が登場し，綿工業の中心都市マンチェスターとその貿易港リヴァプールを結ぶ初めての鉄道路線が開通した。鉄道路線はその後，急速に拡張され，交通・運輸の歴史に一大画期をもたらすこととなる。

　このような推移をたどった産業革命の結果，19世紀中頃までに世界全体におけるイギリス製品の生産高は綿工業および製鉄業においてそれぞれ約2分の1，金属加工業において約5分の2を占めるまでになり，イギリスは「世界の工場」として世界システムにおける覇権的地位をゆるぎないものにした。この点を象徴しているのが綿工業におけるインドとの関係である。前述のように，もともとイギリスはインド産綿織物の輸入国であったが，産業革命の結果，逆にイギリスで大量に生産された綿織物がインドに輸出されるようになり，インドは綿花供給地に転落し，イギリスへの経済的従属を強めることとなった。

　産業革命の帰結としては第2に，就業人口構成の変化が指摘できる。それまでは就業人口の大部分が農業を主体とする1次産業部門に属していたが，工業部門における労働力需要の急増により，2次産業部門が就業人口の大部分を占めるようになった。これに伴い，農村から都市への人口の移動が進展し，各地で急速に都市化が進展することとなった。この結果，人口が集中した都市部を中心に，長時間労働・低賃金などの労働問題，経済格差の拡大や衛生環境の悪化などの社会問題が生じ，各地で社会的緊張関係が醸成された。

　そして第3に，工業製品の過剰生産による恐慌の発生があげられる。それま

での景気後退については，自然条件に起因する農作物の不作が食糧価格を上昇させ，それに伴い人々の購買意欲が減退し，日常生活品を生産する手工業部門が営業不振におちいるというプロセス（前工業的経済危機）が一般的であったが，1825年の恐慌以降，工業生産の動向が景気の行方を左右するようになり，好況→不況→恐慌→好況の循環をたどる景気循環が確立された。

19世紀の後半には，イギリス以外の国々にも産業革命の動きが波及した。すなわち，18世紀末にベルギーがヨーロッパ大陸における最初の産業革命をスタートさせ，次いで1830年代にフランス，1840年代にアメリカ合衆国，1850年代にドイツと続き，19世紀末には日本およびロシアにも産業革命の波が及んだ。これらの国々における産業革命は，イギリスにおける自生的産業革命に対比して，**後発産業革命**とよばれる。

後発産業革命の特徴としては第1に，イギリスにおいては技術革新はすべて自前の発明によるものであったが，先進国が開発した技術を模倣・導入することができ，それによって技術開発のコストと時間を抑えられる点があげられる。

2点目は，イギリス産業革命は消費財生産を中心とする軽工業部門から始まり，次いで重工業部門に波及したのに対して，生産財生産を中心とする重工業部門が産業革命の起点となったことである。

第3に，イギリスでは民間企業における自生的な技術革新の積み重ねが結果として産業革命へと結びついたのに対して（「下からの発展」），これらの国々では政府による制度的手段の利用による「上からの誘導」が産業革命の大きな原動力となった。そして，これらの特徴のゆえに，遅れてスタートした国ほどその成長は急速であった。

後発産業革命の代表的ケースであるドイツを例にとると，産業革命は鉄道・製鉄・機械・石炭業によって構成される複合主導部門を起点に始まった。なかでもその軸となったのが鉄道業であり，路線網の拡大によるレールや機関車・客車などに対する需要の急増が製鉄・機械・石炭業の成長を促し（後方連関効果），同時に，鉄道輸送の拡大による輸送コストの低下がこれら諸部門に対するさらなる投資意欲を喚起した（前方連関効果）。

## ■2.2-2 パックス・ブリタニカから帝国主義時代へ

　いち早く産業革命を達成したイギリスは，工業部門における圧倒的な国際競争力を背景として1820〜70年代に，工業だけでなく商業および金融業を含めた世界経済全体の動向を左右する存在となり，文字通り世界システムの頂点に立つ**ヘゲモニー国家**となった。この時期は，ヨーロッパ内部にも大きな戦争がなく比較的平和な状況が長く続いたために，**パックス・ブリタニカ（Pax Britanica）**とよばれる。

　図表2-3にみられるように，この時期のイギリスの貿易構造は，輸出が綿製品を中心とする工業製品によって構成されているのに対して，輸入の大部分が食糧および綿花を中心とする原料によって占められている。これは，イギリスでは経済の主導部門が農業から工業にシフトしただけでなく，国民の生存に欠かせない食料の供給を他国に依存するようになったことを示しており，「世界の工場」としての同国の性格がよく表れている。

　輸出された工業製品の大部分はヨーロッパ諸国およびアメリカ合衆国向けのものであった。他方，輸入に目を向けると，綿花の大部分はアメリカ南部およびインドから，輸入食料品の主力である小麦はドイツ，ロシア，フランス，アメリカ合衆国などから，そして，砂糖，コーヒー，茶などの嗜好品は中南米，西インド諸島，インドなどから輸入されていた。このようにして，パックス・ブリタニカ期においてはイギリスを基軸とする国際分業体制が形成されていたのであり，これに組み入れられていた国々や地域の経済はイギリス経済の動向に大きく左右されることとなった。アヘン戦争後の中国沿岸部の開港や，日本の幕末の開港もイギリスを中心とする国際分業体制への編入を意味した。

　パックス・ブリタニカ期の国際経済は，**自由貿易体制**を基調とするものであり，関税障壁の影響をほとんど受けることなく製品の輸出入をすることが可能であった。この自由貿易体制に理論的根拠を与えたのは，**D. リカード**の**比較生産費説**である。その説によれば，各国・地域をそれぞれ生産コストが相対的に低い製品に特化（イギリス＝工業製品⇔後進諸国＝農業製品）させる国際分業体制を形成することが，世界経済全体の生産性の向上につながることとなる。

図表2-3　イギリスの貿易品目構成（1800～1913年）

輸出

単位：％

| | 1800年 | 1815年 | 1850年 | 1875年 | 1913年 |
|---|---|---|---|---|---|
| 繊維製品 | 57.0 | 62.6 | 62.1 | 49.4 | 35.0 |
| 　綿製品 | 24.0 | 39.9 | 39.6 | 32.1 | 24.2 |
| 　羊毛製品 | 28.4 | 18.0 | 14.0 | 12.0 | 6.1 |
| 石炭 | 2.0 | 0.2 | 1.4 | 4.3 | 10.2 |
| 鉄鋼 | 6.6 | 2.1 | 8.7 | 11.5 | 10.5 |
| 機械 | ― | ― | 1.4 | 4.1 | 7.0 |
| その他金属・同製品 | 5.8 | 0.7 | 9.0 | 8.5 | 5.3 |

輸入

単位：％

| | 1800年 | 1815年 | 1850年 | 1875年 | 1913年 |
|---|---|---|---|---|---|
| 綿花 | 6.0 | 4.7 | 27.9 | 12.4 | 9.2 |
| 羊毛 | 1.6 | 0.9 | 1.9 | 6.4 | 4.6 |
| 木材 | 2.3 | 0.8 | 1.2 | 4.2 | 4.4 |
| 食料・嗜好品 | 16.6 | 20.9 | 30.7 | 32.7 | 27.3 |
| 　穀物・同粉 | 8.7 | 0.6 | 11.9 | 14.2 | 10.5 |
| 　肉・家畜 | ― | ― | ― | 4.4 | 7.4 |
| 　砂糖 | 14.0 | 7.6 | 9.5 | 5.8 | 3.0 |
| 　茶 | 4.9 | 3.6 | 4.9 | 3.7 | 1.8 |

注1）輸出品目の「繊維製品」は綿・羊毛・亜麻・絹の合計である。
注2）輸出品目の「その他金属・同製品」には船舶が含まれる。
（出所）石見徹『世界経済史―覇権国と経済体制―』東洋経済新報社，1999年，30頁。

　自由貿易体制は，他国に先駆けて産業革命を成し遂げていたイギリスにとって，関税によって国際競争力を損なうことなく工業製品を輸出すると同時に，後進諸国において低コストで生産された農業製品を容易に調達することができたため，きわめて有利な体制であった。逆に，イギリスへの食料供給地に位置づけられていた後進諸国にとっては，低価格のイギリス製工業製品の流入を抑制する手段がなく，自国の工業を保護・育成することができないため，イギリスに対する従属関係を解消することは困難であった。

　以上のようなイギリス中心の世界経済は，1873～96年の**大不況**によって大きな転機を迎えることとなる。これ以前にも，1825年恐慌以来，恐慌は周期的に発生し，それが世界規模にまで発展することもたびたびあったが，この大不況はパックス・ブリタニカに終止符を打ち，その後の世界経済の構造を大きく変動させた点で近代経済史上，重大な意義を有する。

　大不況の要因としては，産業革命以来の技術革新が停滞するとともに，欧米諸国における鉄道建設ブームが一段落したことによる投資機会の減少があげら

れる。さらに，アメリカの大陸横断鉄道の完成とスエズ運河の開通によって，アメリカ中西部やエジプト，インドなどから安価な穀物が大量に流入し，ヨーロッパ全体に農業不況が生じたことも不況の深刻化につながった。

大不況の帰結としては第1に，「世界の工場」イギリスの相対的な地位の低下と，アメリカ合衆国とドイツの急速な台頭による主要工業国の多極化があげられる（図表2-4参照）。その要因は，ちょうど大不況期に進行したいわゆる**第2次産業革命**の成否に求められる。

第2次産業革命の特徴としては，次の3点があげられる。(1) 最初の産業革命が綿工業を中心とする軽工業を主導部門としていたのに対して，電機，化学，自動車，石油精製，光学などの重化学工業部門を中心に展開した。(2) エネルギー源として，従来の石炭に加えて，石油および電力が利用されるようになった。(3) 最初の産業革命では生産現場における個々人の発明が技術革新の原動力となっていたのに対して，大学や企業などの大規模な研究機関が技術革新の基盤となった。

アメリカ合衆国とドイツの両国が比較的順調にこの第2次産業革命の波に乗ることができたのに対して，イギリスは遅れをとることとなった。その要因の1つとして，重化学工業の発展に伴う経営規模の拡大があげられる。アメリカやドイツにおいては株式会社や投資銀行の発達によって巨額の設立資本の獲得が可能となり，さらにはカルテルやコンツェルンの展開による市場の独占化傾向までみられるようになった（**独占資本主義**）。他方，イギリスにおいては，自己資金をベースとする家族経営が主流で経営規模が小さかったため，重化学工業部門における起業が困難であった。

いま1つの要因としては，科学技術に対する姿勢があげられる。イギリスでは最初の産業革命の成功のゆえに，生産現場における熟練工のノウハウの蓄積を高く評価する傾向があったが，これは高度な科学技術を要する重化学工業部門においては逆に足かせとなった。これに対して，特にドイツにおいては，工業大学の設立をはじめとする政府による科学技術の振興が積極的に行われ，その成果が重化学工業の発展に反映されることとなった。

だが，イギリスの斜陽化は工業部門に限定されたものであり，世界経済全体におけるイギリスのプレゼンスそのものはほとんど動揺しなかった。膨大な海

外投資によって得られる利子・利潤が貿易赤字の穴を埋め，また，世界の各地域に存在する植民地がイギリス製品に広大な市場を提供し，そして，7つの海にまたがる海運業の支配的な地位が多額の利潤を生みだしていたためである。

大不況の第2の帰結としては，自由貿易体制から保護貿易体制への転換があげられる。これは農業不況に起因するもので，ドイツにおける関税の引き上げが契機となった。もともとドイツでは，政治的権力を握っていたユンカー層がイギリスへの穀物輸出にその経済的基盤をおいていたため自由貿易体制を支持し，イギリス製品との競争にさらされていた工業家が求める関税の引き上げは抑えられてきた。ところが，海外からの安価な穀物の大量流入による農業不況に直面したために，保護関税を導入せざるを得ないこととなったのである。イ

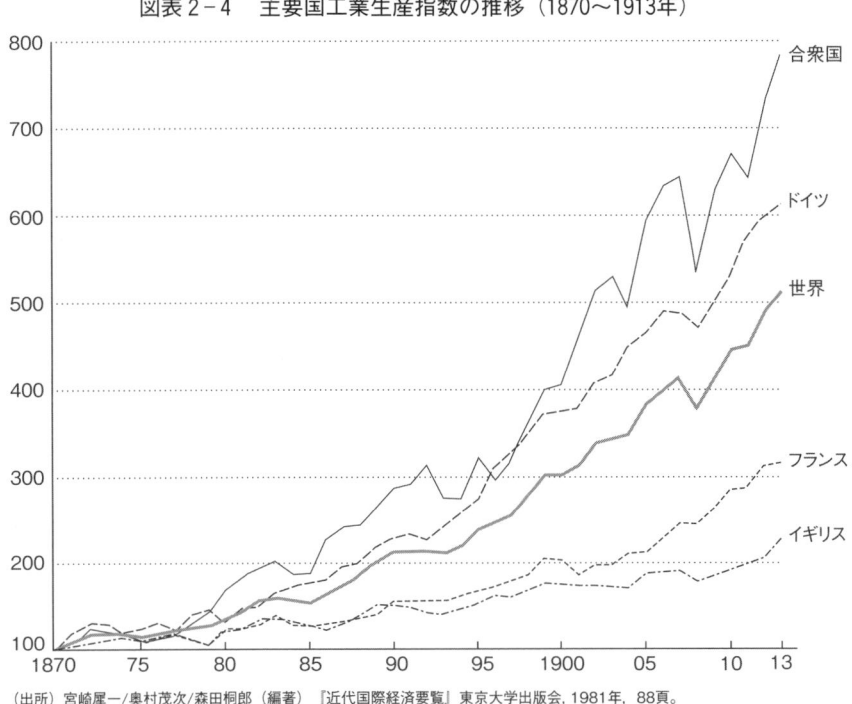

図表2-4　主要国工業生産指数の推移（1870～1913年）

(出所) 宮崎犀一/奥村茂次/森田桐郎（編著）『近代国際経済要覧』東京大学出版会，1981年，88頁。

| 第2章 | 経済社会を歴史的に見る

ギリスを除く他のヨーロッパ諸国においても，ドイツと相前後して保護関税が導入され，パックス・ブリタニカ期に形成された自由貿易体制は崩壊することとなった。

そして，保護貿易体制への転換はヨーロッパ諸国間の経済的対立をもたらし，19世紀末〜20世紀初頭に**帝国主義時代**を招来することとなる。この時期，第2次産業革命の進展に伴う工業用原料となる天然資源に対する需要の急増と，保護貿易体制への転換による国外市場の縮小を背景として，各国は植民地の獲得に乗り出し，南極・北極をのぞく世界の5分の4以上の地域がヨーロッパの支配下ないしヨーロッパ系の新国家となった。植民地獲得競争はさらに各国の対立を深化させ，なかでも最大の植民地を有するイギリスと新興勢力ドイツの対立は第1次世界大戦の萌芽となった。こうしたなか，各国政府は労働者層の統合と，兵力の拡充をはかるために，積極的に**社会政策**に取り組むこととなった。この背景には，従来の**自由放任主義**の後退と，**介入的自由主義**の普及による経済思潮の転換があった。1880年代にドイツで導入された社会保険制度（疾病保険，災害保険，廃疾・老齢保険）はその代表的事例であり，20世紀後半の福祉国家の原型となった。

### ■2.2-3　第1次世界大戦と大恐慌

未曾有の規模となった第1次世界大戦は史上初めての**総力戦**となり，その後の世界の歴史にさまざまな影響を及ぼすこととなったが，経済史に限っていえば，パックス・ブリタニカと帝国主義時代の終焉に伴うアメリカ合衆国の覇権的地位の確立と，**ロシア革命**による社会主義体制の形成の2つが特に重大な帰結といえる。ただし，資本主義経済の歴史を概観することが本節の主題であるので，ここでは視点をアメリカに限定したい。

第1次世界大戦では，ヨーロッパ諸国の多くが戦禍にさらされ，多大の人的損失を被ったために，約1兆倍の**ハイパー・インフレーション**（1923年）に襲われた敗戦国ドイツだけでなく戦勝国も大きく国力を低下させることとなった。一方，アメリカは大戦によってほとんど被害をこうむらなかっただけでなく，戦勝国となった連合国側への物資および戦債の提供を通じて利益をあげ，その結果，戦後には債務国から債権国となり，ニューヨークがロンドンに代わ

図表2-5　アメリカにおける失業者数・失業率の推移（1929～39年）

|  | 労働者数 | 就業者数 | 失業対策労働者数 | 失業者数 | 失業率 | 修正失業率 |
|---|---|---|---|---|---|---|
|  |  |  | (1,000人) |  | (%) |  |
| 1929年 | 49,180 | 47,630 | 0 | 1,550 | 3.2 | 3.2 |
| 1930年 | 49,820 | 45,480 | 20 | 4,340 | 8.7 | 8.7 |
| 1931年 | 50,420 | 42,400 | 299 | 8,020 | 15.9 | 15.3 |
| 1932年 | 51,000 | 38,940 | 592 | 12,060 | 23.6 | 22.5 |
| 1933年 | 51,590 | 38,760 | 2,195 | 12,830 | 24.9 | 20.6 |
| 1934年 | 52,230 | 40,890 | 2,974 | 11,340 | 21.7 | 16.0 |
| 1935年 | 52,870 | 42,260 | 3,087 | 10,610 | 20.1 | 14.2 |
| 1936年 | 53,440 | 44,410 | 3,744 | 9,030 | 16.9 | 9.9 |
| 1937年 | 54,000 | 46,300 | 2,763 | 7,700 | 14.3 | 9.1 |
| 1938年 | 54,610 | 44,220 | 3,591 | 10,390 | 19.0 | 12.5 |
| 1939年 | 55,230 | 45,750 | 3,255 | 9,480 | 17.2 | 11.3 |

注1）失業者数＝労働者数－就業者数
注2）修正失業率＝（失業者数－失業対策者数）／労働者数
（出所）秋元英一『世界大恐慌―1929年に何がおこったか―』講談社選書メチエ，1999年，72頁。

る国際金融市場の中心となった。

　こうしたなか，戦前からの持続的な工業成長，とりわけ機械・化学工業の発展を基盤として1920年代のアメリカ経済は空前の繁栄を迎えた。この時期のアメリカ経済で特筆すべきは**大衆消費社会**の到来である。T型フォードに象徴される自動車や家電製品などの耐久消費財の購買層が急速に拡大し，1920年代末までには消費支出がGNPの4分の3に達するまでになった。高額な耐久消費財のほとんどは信用販売によって購入されたものであり，これは，「身の丈に合った生活」という旧来の消費者意識から借金に対する罪悪感が薄れたことを示している。そして，株式市場においても大衆化が進み，投機目的の個人株主の大規模な参入が実態以上に株価を吊り上げ，株式相場の過熱化を招いた。

　このような経済的繁栄の陰では，世界的な供給過剰による農業不況が深刻化し，また1920年代末期には，それまでアメリカ経済を牽引してきた個人消費も賃金上昇の停滞によって陰りを見せ始めていた。それまで一貫して設備拡張をはかってきた企業は内需の縮小によって収益を悪化させつつも，株式ブームによってどうにか採算を維持してきたが，1929年10月24日（「暗黒の木曜日」）を境に株式が暴落すると，一転して景気は急激に後退した。その余波はたちまち世界各国に広がり，世界経済は**大恐慌**の局面に突入したのである。

　大恐慌の最も深刻な社会的影響は，図表2-5にみられるような，急速な失業率の上昇であった。このような窮状を打破するために，新大統領F．ローズ

ヴェルトが1933年に提示したのが，3つのR（Relief＝救済，Recovery＝復興，Reform＝改革）を柱とする**ニューディール政策**である。ニューディール政策は，投機の再発を防止する金融立法や，労働者の地位改善をはかるワグナー法，テネシー渓谷の開発によって大規模な労働需要を喚起したTVAの設置などきわめて多岐にわたるが，政府が積極的に経済に介入し，20世紀後半に一般化される**混合経済**（民間部門＋公共部門）の原点となった点にその歴史的意義が求められる。

## 2.3 日本における資本主義経済の展開

### ■2.3-1 日本経済との出会い（1853～1868）

　さて，こうした欧米経済の展開にとって，日本はどのような存在だったのだろうか。この点を知るためには，時計の針を少し戻して，1853年にアメリカのペリーが日本に来航し，開国を要求したところから，欧米と日本とのかかわりを確認しておいたほうがよいだろう。

　これまで，中学校や高校の授業で，江戸時代の基本的な外交政策は鎖国，すなわちオランダなどとの例外的な交流を除けば諸外国とのかかわりを断っていたことであると，学んだ人も多いことだろう。さらに，近年の研究において，日本は江戸時代にもアジア諸国との交流を保っていたことが確認されるようになり，「鎖国」という言葉そのものが見直されつつあるということを知っている人もいることだろう。

　しかし，いずれの立場をとるにしても，日本が欧米諸国と本格的な貿易を開始したのが，幕末であったことは確かである。産業革命を成し遂げ，それ以前とは比較にならないほど大量の工業製品を生産できるようになった欧米の国々にとって，次に重要なことは，そうした膨大な量の工業製品の買い手を探すこと，すなわち市場を獲得することであった。そのため，イギリスやフランスは，日本だけでなく，中国やベトナムといった，日本以外のアジアの国々にも当然ながら接触している。そうした大きな流れの中で，日本については，その先頭に立っていたのがアメリカであり，その代表としてペリーがやってきたと

図表2-6　貿易の拡大と相手国

| 年度 | 貿易額 | 船舶国籍内訳 | | | | | 計 |
|---|---|---|---|---|---|---|---|
| | | イギリス | アメリカ | オランダ | フランス | その他 | |
| | 千ドル | % | % | % | % | % | % |
| 1860 | 4,900 | 55.3 | 31.7 | 12.2 | 0.8 | 0.0 | 100.0 |
| 1861 | 4,161 | 64.3 | 21.5 | 13.2 | 1.1 | 0.0 | 100.0 |
| 1862 | | | | | | | |
| 1863 | 13,798 | 80.7 | 6.7 | 7.1 | 1.7 | 3.8 | 100.0 |
| 1864 | 14,441 | 92.5 | 1.4 | 4.9 | 1.0 | 0.2 | 100.0 |
| 1865 | 30,380 | 85.9 | 1.5 | 4.2 | 8.2 | 0.1 | 100.0 |

（注）1862年データは欠落。
（出所）三和良一・原朗編『近現代日本経済史要覧』東京大学出版会，2007年，48ページ（1.17表）より抜粋。

いう訳である。

　ペリーの要求に応じて開国した日本は，さらに1858年にアメリカ・オランダ・ロシア・イギリス・フランスの5カ国とそれぞれ修好通商条約を結び，翌年に神奈川（横浜）・長崎・函館の港で自由貿易を開始した。これを**開港**と呼んでいる。ここで，この貿易の展開を知るために，図表2-6を見てみよう。この表は，開港の翌年である1860年から1865年までの貿易額と相手国を示したものである。

　ここからは，貿易額が急増しており，貿易が拡大していった様子を読み取ることができる。また，船舶の国籍から相手国をみると，日本にとってはイギリスが当初より最大の貿易相手であり，年を追うごとにその度合いが増していったことがわかる。これとは対照的に，開国の要求において先頭に立っていたアメリカは，急速にシェアを縮小させている。この理由として，1861年から1865年まで，アメリカ国内で南北戦争が生じたためであったことが挙げられる。

　次に，このようにして世界経済に急速に組み込まれていった日本の国内を，のぞいてみることにしよう。そこでは，新しい事態に直面して，さまざまな課題が生じ，対応が図られていったに違いないだろう。

### ■2.3-2　戦前の日本経済（1868〜1945）

　日本が自由貿易を開始した1859年から9年後の1868年，徳川政権は終焉した。明治維新により成立した新政府は，幕末の自由貿易の開始によってもたらされた数々の課題に，速やかに対応することが必要であった。新しい国の態勢を整えることと，新しい経済状況に対処していくことの両方が同時に求められ

たのである。

　政府は，財源を確保するために，**地租改正**という方法を選択した。これは，土地の所有者から，地価の3％という税金（地租）を年々納入させる国税上の改革である。土地といっても，都市化が進展した戦後とは異なり，当時の日本は農業を主としていたから，地租の大部分は農地に由来するものであった。この地租は，農地の所有者に大きな負担となり，土地を持ちきれなくなった者の没落を招いたのであるが，後にこのことが日本の工業化と深いかかわりをもつことになる。

　さて，産業革命を経験した欧米諸国と，農業国であった日本との貿易では，欧米からは工業製品が，日本からは農産物がそれぞれ主に輸出された。自らも工業化することを望んだ政府は，地租改正で得た財源を元手として，**殖産興業政策**と呼ばれる政策を進めていった。江戸時代より続く鉱山なども利用しつつ，外国からの技師の指導も得て，動力を利用した工場や新しい経済の制度を次々に作り出していった。

　こうした日本の取り組みは成功したのだろうか。当時の日本が力を入れていた代表的な産業である**紡績業**を事例に，検討していくこととしよう。紡績業とは，繊維産業の1つで，綿から糸（綿糸）を作り出す産業である。綿から糸を紡ぎ出すことは，手作業でも可能であり，実際に，産業革命以前はそうした方法がとられていた。しかし，イギリス産業革命において，動力を利用し工場で綿糸を生産する方法が確立し，手作業の時代とは比較にならない量産が可能になり，世界中に輸出されるようになった。

　図表2-7を見て欲しい。この表は，1883（明治16）年から約20年間の，紡績業の拡大を示したものである。1883年の時点では，日本への輸入量は約14,800トン，生産量は2,100トンとなっており，輸入が中心になっている。いまだ日本では自国で消費するに十分な量の綿糸が生産できておらず，工業国からの輸入に頼っていた姿が浮かび上がってくる。

　この状況に変化がみられるのは，8年後の1891年である。輸入量より生産量が多くなっており，日本の紡績業が一定程度の成長を遂げたことが読み取れる。この表では，さらに6年後の1897年には，輸入量よりも輸出量が多くなっていることが示されている。日本の紡績業は自国で消費する十分な量を生産で

図表2-7　紡績業の拡大（単位：1000トン）

| 年 | 輸入量 | 生産量 | 輸出量 |
|---|---|---|---|
| 1883（明治16） | 14.8 | 2.1 | —— |
| 1884（明治17） | 12.7 | 2.4 | —— |
| 1885（明治18） | 12.8 | 2.9 | —— |
| 1886（明治19） | 14.8 | 2.8 | —— |
| 1887（明治20） | 20.0 | 4.2 | —— |
| 1888（明治21） | 28.5 | 5.7 | —— |
| 1889（明治22） | 25.7 | 12.1 | —— |
| 1890（明治23） | 19.1 | 18.9 | 0.006 |
| 1891（明治24） | 10.4 | 26.1 | 0.02 |
| 1892（明治25） | 14.6 | 36.9 | 0.02 |
| 1893（明治26） | 11.6 | 38.7 | 0.2 |
| 1894（明治27） | 9.6 | 52.6 | 2.1 |
| 1895（明治28） | 8.8 | 66.0 | 2.1 |
| 1896（明治29） | 12.0 | 72.3 | 7.8 |
| 1897（明治30） | 9.7 | 92.0 | 25.2 |
| 1898（明治31） | 9.6 | 116.0 | 41.3 |
| 1899（明治32） | 4.9 | 136.3 | 61.4 |
| 1900（明治33） | 5.4 | 116.2 | 37.6 |
| 1901（明治34） | 3.6 | 118.9 | 37.7 |
| 1902（明治35） | 1.6 | 138.8 | 35.5 |

（出所）三和良一・原朗編『近現代日本経済史要覧』東京大学出版会，2007年，77ページ（3.26表）より抜粋。

きるようになったばかりではなく，さらに進んで，他国に輸出する余力をも備えるようになったと言えるだろう。

　それでは，このように短期間に生産量を増大させたことをもって，明治政府による工業化を輝かしい成功物語として理解してよいだろうか。1つの産業や一国の経済の内容を評価するためには，生産・輸出の量や金額といったアウトプットだけを物さしにするのでは不十分であろう。人間という視点を大切にするならば，その産業に必要な資金や労働力がどのような事情で確保されているのか，そこではいかなる条件で労働が行われているのかといった，生産のプロセスを含めた総合的な理解が必要である。

　この点では，どの資本主義国の工業化も，暗黒の歴史を抱えている。急速な工業化に際して，利潤の獲得が優先されるあまり，そこに身を置き日々汗を流している労働者は，往々にして劣悪な**労働条件**のもとで酷使された。日本では，とりわけ初期の繊維産業においては，地租改正によって没落し，小作となった家庭の子女が，工場労働の主たる担い手であった。貧しい実家を助けるために，劣悪な労働条件を甘受しなくてはならない立場にあったために，事態は

深刻であった。

　労働条件の改善については，その後，徐々に取り組みが開始されていったが，低賃金労働力が豊富であることが，後発国の強みの１つであったために，当時の日本政府もその点に積極的ではなかった。

　さて，このように明暗の両面を含みつつも工業化を推し進めていた当時の日本にとって，早急に解決しなくてはならない大きな問題があった。それは，**関税自主権**を回復することである。関税とは，外国から商品を輸入する際に，その商品に課す輸入税のことである。

　この関税があることにより，第１に，政府は財政収入が得られる。また第２に，関税込みで販売されることとなる輸入品の価格が高くなることで，同種の日本製の商品が割安となる。たとえば，同じ品質の綿糸であっても，関税のかけられているイギリス製よりも，日本製の方が割安となれば，国内では日本製がよく売れることとなり，結果として国内産業の保護や育成につながっていく。

　このように，関税は一国の経済に多大な影響をもたらすために，今日に至るまで，貿易交渉においては常に，大きな焦点の１つとなっている。ところが，「鎖国」の状態が長く続いたために国際的な経済事情に疎かった幕府は，交渉に際してこの点を重視していなかった。1858年の５か国との修好通商条約においては，日本にとって低い関税率を設定することに同意してしまったのである。

　国内産業を育成していくにあたって，この関税自主権を回復することは喫緊の課題であった。しかしながら，相手国にとっては，これを認めることは自国の経済にとっての好条件を手放すことを意味するために，交渉は容易ではなかった。その実現は不平等条約締結から実に半世紀が経過した，1911年に至ってからであった。

　図表２-８は，関税自主権が回復した1911年前後５年間の，関税収入の推移を表したものである。1911年以降，関税収入額（Ｂ）と平均税率が拡大していった様子が見て取れる。関税自主権の回復は，経済発展の基盤を固める重要な出来事の１つであったといえるだろう。

　戦前の日本経済は，これまでみてきたように，農業と工業のつながり，対外

図表2-8　日本における関税収入の推移

| 年 | 有税品輸入額（A） | 関税収入額（B） | 平均税率（B/A×100） |
|---|---|---|---|
|  | 千円 | 千円 | ％ |
| 1909（明治42） | 221,715 | 35,438 | 16.0 |
| 1910（明治43） | 232,140 | 36,073 | 15.5 |
| 1911（明治44） | 278,290 | 42,008 | 15.1 |
| 1912（明治45/大正1） | 312,690 | 58,243 | 18.6 |
| 1913（大正2） | 368,257 | 73,580 | 20.0 |

(出所) 三和良一・原朗編『近現代日本経済史要覧』東京大学出版会, 2007年, 93ページ（3.83表）より抜粋。

関係のあり方などのほかにも，注目すべき特徴を備えていた。次に，戦後改革について説明をする中で，これらについても触れることとしたい。

### ■2.3-3　敗戦と戦後改革（1945～1955）

　1945年8月，日本は敗戦し，アメリカを中心とする連合国軍により占領された。戦後改革とは，連合国軍総司令部（GHQ, General Headquarters）のもとで実施された，諸制度改革の総称であり，戦後日本の出発点となっている。このうち，経済改革として重要なのは，農地改革・財閥解体・労働改革の3つである。

　**農地改革**は，簡単にいうと，農地の大規模所有者である地主から農地を買い取り，農地をもたない小作に安価で売り渡す事業である。先に述べたとおり，明治初年の地租改正をきっかけとして，大量の農民が土地を失って小作となり，不安定な生活を余儀なくされていた。GHQは，こうした不安定性が日本を戦争に向かわせた一因であると見ていた。

　さらに，国民の大多数が経済的に不安定な立場にあることは，当時，アメリカにとって大きな脅威であった共産主義の土壌になり得る。こうした背景により，戦後，日本だけでなくアジアの諸国においても，農地の所有構造の改革が実施されている。

　図表2-9は，農地改革の実績を示したものである。農地改革についての法律は，1946年10月に公布されたが，地主による「売り抜け」を防ぐ観点から，1945年11月時点の所有状況を前提に実施された。そのため，この表でも農地改革前のデータとして1945年11月の所有状況が記載されている。この表によれば，農地改革前には，農地全体の約半分にあたる45.9％が小作地となっていた。それ

図表2-9　農地改革の実績

|  | 農地改革前<br>（1945年11月23日） | 農地改革後<br>（1950年8月1日） |
| --- | --- | --- |
| 農地総面積（A） | 5,155,697 | 5,200,430 |
| 小作地面積（B） | 2,368,233 | 514,724 |
| 小作地率（B／A×100） | 45.9% | 9.9% |

（出所）三和良一・原朗編『近現代日本経済史要覧』東京大学出版会，2007年，145ページ
（6.17表）より抜粋。

が，農地改革後には，9.9％にまで縮小している。農業に従事している者の大部分が，自ら農地を所有することができるようになったことがわかる。

次に，**財閥解体**である。財閥とは，三井・三菱・住友・安田に代表される戦前の企業集団で，持株会社をその中核としていた。これらの財閥の存在は，戦前の日本経済の大きな特徴の1つであり，財閥に属する諸企業は，各々の産業において独占的な立場にあることがめずらしくなかった。具体的には，財閥解体は，持株会社を解散させることと，財閥家族を財閥の諸企業から排除することの2点を通じて行われた。

最後に，**労働改革**である。先ほど，紡績業の発展について述べた際に，そこにおける労働者の過酷な状況について触れた。労働改革においては，こうした点を踏まえ，1945年から1947年にかけて，労働組合法，労働関係調整法，労働基準法の労働三法が制定され，労働者の権利について改善がはかられた。

### ■2.3-4　高度成長の時代（1955〜1973）

こうして，戦後の日本経済は，戦前とは大きく姿を変えての出発となった。長期におよぶ戦争での経済的な損失は甚大であり，いかに国土を復興していくのか，いかに国民の日々の生活を成り立たせていくのかが差し迫った課題であった。

結果的には，日本経済が戦前の水準を回復したのは，終戦から10年後にあたる1955年であるといわれている。1950年に朝鮮戦争が勃発し，日本はアメリカ軍への物資・サービスの特需を得て，復興のきっかけをつかむ。**高度成長期**は，1973年の石油ショックまでの20年弱の期間であり，この時期は，世界的にみても経済成長の時代であった。

日本においては，戦前の工業化が軽工業中心であったことから，この時期，

**重化学工業化**が進められた。企業は，重化学工業を中心として，膨大な設備投資を行った。戦時中の空白を埋める意味でも，また，当時進行していた技術革新に対応するためにも，積極的な設備投資が必要であった。

当時の日本では，大きく分けて次の3つの分野での技術革新が同時進行していた。第1に，石油化学・エレクトロニクスなどの，世界的にみても戦後に新しく発達した分野である。第2に，乗用車・家電製品などの，欧米には戦前より普及していたものの，日本では定着していなかった分野である。そして第3は，鉄鋼業・造船業などで，戦前の日本でも定着していた分野における，さらなる技術革新である。

さて，この時代，企業で働く人々は，手にした給与から高い割合で貯蓄をしていた。1970年のデータによれば，日本の貯蓄率は18.2％，ドイツは17.9％，アメリカ8.2％，イギリス6.6％となっている。銀行への預金は，銀行から企業への融資となって企業の元に戻り，また新たな設備投資の資金となるサイクルが形成された。一方，政府は，国内産業が競争力をつけるまでの間，それらを保護するために，輸入規制や外資の規制を行った。

こうした経済の高度成長は，当然ながら，同時に，経済の質的変化をもたらした。産業構造においては，農業・漁業といった1次産業の比率が低下し，工業に代表される2次産業や，サービス産業である3次産業の比率が上昇した。就業者数に占める割合でみると，1次産業は，1950年から1970年までの20年間で，48.3％から19.3％へと急速に減少している。幕末の開港以来，政府は積極的に工業化を目指してきたために，農業部門の縮小は当然の帰結ともいえるが，このことは一方で看過できない事態をももたらした。

それは，図表2-10によく表れている。この表は，高度成長期の前後で，日本の**食料自給率**がどのように変化したかを示したものである。自給率であるから，100％であれば，国内で必要な消費量をすべて国内で生産している状態，0％であれば，すべて輸入に頼っている状態を意味している。この表によると，米・野菜・魚介類については，高度成長期を経た1975年においても，ほぼ100％の自給率を維持できているが，他の食料品は自給率の低下がみられる。とりわけ，小麦と大豆については，41％からわずか4％へと減少しており，輸入依存が明らかである。日本より先に工業化を進めたアメリカ・フランスでは，工業

図表2-10 食料自給率の変化

|  | 1955年 | 1975年 |
|---|---|---|
|  | % | % |
| 米 | 110 | 110 |
| 小麦 | 41 | 4 |
| 大豆 | 41 | 4 |
| 野菜 | 100 | 99 |
| 果実 | 104 | 84 |
| 牛乳及び乳製品 | 90 | 81 |
| 肉類 | 100 | 76 |
| 魚介類 | 107 | 99 |

(出所) 三和良一・原朗編『近現代日本経済史要覧』東京大学出版会，2007年，33ページ（3表）より抜粋。

と同時に農業も国の重要な産業と位置づけ，農産物の輸出国でもある。日本経済における農業の位置づけの問題は，高度成長期が残した課題の1つといえるだろう。

よく知られているように，高度成長期にはこのほかにも，公害や住宅問題など，急速な経済発展の負の側面ともいうべき，数々の問題が生じた。そうした問題を引き起こしつつも，この時期，旅行やスポーツを楽しむことが一般の人々の間にも広がるなど，国民の生活水準が向上したことは確かである。こうした経済の高度成長は，先述の通り，世界的な高成長という環境にも支えられていたが，1973年に世界を襲った**石油ショック**によって終焉することとなる。

## 2.4 現代の日本経済

### 2.4-1 先進国の過剰生産と多国籍企業の出現

第2次世界大戦後の世界経済は，戦後復興と福祉国家的経済政策のもとで，各国でそれぞれ順調に発展していた。しかしアメリカ経済は1957－8年の不況を契機に，過剰資本が対外投資に振り向けられる時代に移行した。先進国への製造業投資を中心として対外進出を続けるアメリカ企業の行動は，世界の経済学者やジャーナリズムの関心を引き，1960年代初頭には「**多国籍企業**」という新語がマスコミを賑わすようになる。我々が現在生きている1970年代以降の現代経済は，この多国籍企業の活動によって彩られている。

戦後復興を果たした1955年以降，高度成長の道を歩んでいた日本経済も，1965年にはアメリカと同様に深刻な不況にみまわれた。日本産業の重化学工業化率はドイツを抜いて，アメリカに次ぐ世界第2位の水準に達しようとしていたが，日本を政治的・軍事的に支配していたアメリカとの経済競争に打ち勝つために，日本の通産省と経済界は産業再編成を通じて企業規模・生産規模の拡大を目指した。「**量産・コストダウン**」（大量生産の規模拡大と生産コストの低減）が日本産業共通のスローガンとなり，日本経済に過剰生産物の輸出が構造的に組み込まれることになった（輸出の構造化）。

　1960年代のアメリカ企業の多国籍化に対して，欧州企業が対米投資を拡大する中で，1965年以降，日本企業は，対外直接投資ではなく膨大な過剰生産物を輸出して国内生産規模の拡大を継続した。このことは，1970年代以降の現代における日本企業の国際競争力の強さと，日本経済の国際的位置を考える上で重要な特徴である。

## ■2.4-2　ドル・石油危機とスタグフレーションの発生

　1971年8月，アメリカのニクソン大統領は金・ドルの交換停止を発表した。第2次大戦直後には世界の金の約4分の3を持っていたアメリカは，ベトナム戦争での軍事支出と多国籍企業の対外投資によって世界中にドルをばら撒いた。このドルを各国の要求に従って金と交換していたため，アメリカ連邦銀行の地下金庫に保管されている金の総額は2-300億ドル程度まで減少し，ドルの信認は根底から揺らぐことになった。**ドル危機**の結果，戦後，アメリカの圧倒的な優位のもとで運営されてきた国際通貨体制は根本から見直しを余儀なくされ，1973年には**固定相場制**から**変動相場制**に移行することになった。

　1973年，アメリカの石油資本に支配されてきた中東産油国では，石油価格の引き上げを求めて，**OAPEC**（アラブ石油輸出国機構）が原油の積み出し制限を実施した。これによって原油価格は高騰し，世界の製造業の在庫は山積し，過剰能力が顕在化することとなった（第1次石油危機）。1970年代の世界経済は深刻な不況からの脱出に苦闘し，結果的に10年間に及ぶ長期不況に突入することになった。

　各国はこの不況からの脱出を試みて財政支出を拡大したが，景気は好転せ

ず，インフレーションだけが昂進する結果となった。不況とインフレの共存という新しい現象は**スタグフレーション**という名称で呼ばれることとなったが，不況の長期化によって税収が減少，財政危機も表面化することになり，従来のケインズ政策の継続を困難とした。この新しい現象に対して各国が採用した新しい経済政策は，財政支出を可能な限り抑制して小さな政府を目指し，他方で経済成長は金融主導で展開するというものであり，**新自由主義**という名称で呼ばれることとなった。市場原理を前面に自由競争と自助努力を国民に求め，行政合理化のための構造改革を推進する新しい時代が開始されたのである。

ドルショック・石油ショックを通じて戦後世界経済は大きく変貌し，アメリカの地位は相対的に低下し，世界の政治経済上の重要事項も，世界の主要先進国の合議によって進められるようになった。1973年からの先進国蔵相・中央銀行総裁会議，1975年に開始された**サミット（先進国首脳会議）**などの国際会議の設置はその象徴である。1970年代以降の現代は，第2次大戦後のアメリカの絶対的優位の時代（パックス・アメリカーナ）の終焉とともに始まった。

### ■2.4-3 減量・合理化の推進による日本的生産方式の確立

ドル危機・石油危機によって，エネルギーコスト上昇と円の対ドルレート上昇に直面した日本企業は，輸出に主導された成長（生産規模の拡大）を続けるために，「**減量経営**」と呼ばれる徹底した合理化運動を開始した。これを主導したトヨタ自動車では1970年代半ばから，**看板方式**の導入，在庫の圧縮を切り口に生産現場の労働過程の全面的な見直しを進めた。直接的な利益に結びつかない労働は「無理・ムラ・無駄」として排除され，労働密度が飛躍的に高まり，製造コストが大幅に引き下げられることとなった。

この運動は第2次石油危機（1979年）に直面した1970年代末にも継続され，折からの**ME（マイクロ・エレクトロニクス）化，ロボット化**と結びついて，技術革新としての側面も持つことになった。ここで開発されたバーコードシステムや時間単位の納入システムは，瞬く間に全産業に普及し，現在の宅急便やコンビニの配送システム，スーパーのレジなどに導入され，日本経済のあらゆる側面に大きな影響を持つようになった。

この合理化運動は，多くの労働者を雇用し，同時に多くの部品企業と物流を

必要とする自動車産業，電機産業などの組み立て型産業の国際競争力を飛躍的に強めることになった。終身雇用・年功賃金・企業内組合などの雇用慣行のほか，系列・下請取引慣行など，これらの社会慣行が最大限に活用されて作り上げたれた経営システムは，国際競争の場面で無類の強さを発揮し，その後「**日本的生産方式（日本的経営）**」という新語で呼ばれることになった。

他方，1970年代後半には，鉄鋼，造船などをはじめ，多くの産業が過剰設備に悩まされ，構造不況業種に認定されて設備廃棄・能力削減を進めることになった。こうして日本経済を主導するリーディング・インダストリーは，従来の鉄鋼中心から，自動車・電機中心に置き換えられることになった。

## ■2.4-4　プラザ合意からバブル経済へ

1980年代初頭の世界製造業の過剰生産は深刻であり，世界の自動車産業・電機産業は市場規模の2倍の生産能力を持つことが指摘されていた。欧米の工場は老朽化した機械であふれ，各国の失業率は高い水準で推移し，工場閉鎖や労働条件の悪化など，危機的な様相が続いていた。このような時代に，日本企業は，70年代の減量・合理化を成功させ，強い国際競争力を背景に怒濤のごとき輸出の拡大を進めたのである。欧米の停滞に対する日本の躍進は，**ジャパン・アズ・No.1**という言葉に表現された。

その結果は，1980年代前半の国際収支の動向に鮮明に現れている。日本の外貨準備は，巨大な貿易黒字を基礎に膨張し，これに対して貿易相手国アメリカは国際収支赤字の上に財政赤字のいわゆる**双子の赤字**に悩まされることになった。世界最大の赤字国アメリカと世界最大の黒字国日本の国際収支アンバランスは，世界経済の最大のかく乱要因として，1985年，ニューヨークのプラザホテルで行われた先進5カ国蔵相・中央銀行総裁会議のテーマとなった。ここでは日本の貿易収支黒字を削減するために，円高への軌道修正が求められ，当時の竹下蔵相は，ついに円高を容認することで合意した。その結果，**プラザ合意**以前には約240円だった対ドル為替レートは1987年末に約123円に達したのである。これは日本経済の輸出依存型体質を根本から改めることを意味しており，これ以降，日本製造業の国際競争力は，為替レートに左右される極めて不安定なものになってゆく。

プラザ合意に対応する国内政策は，元日銀総裁の前川氏から中曽根首相に提出された私的レポート（**前川レポート**）に沿って進められた。日本の政策目標として経常収支不均衡を是正して国民生活の質の向上を目指すことが謳われ，解決策として内需拡大，市場開放，金融自由化が提言されている。こうした政策転換の一環として，自動車，電機産業などの製造業をはじめ，金融・不動産をも含めて，日本企業は一斉に対米投資を展開し，ついで対欧投資が進められた。輸出産業では円高により輸出数量は減少したが，高級製品への切り替えによる価格上昇，海外工場建設に伴う設備機械輸出や部品輸出の増加によって貿易黒字は拡大した。他方円高によって国際的に見た資産価値は増加した上，折から日銀の融資基準緩和が重なり，日本経済は空前の好景気に沸くことになった。過剰流動性と呼ばれた余剰資金は株式投資や国内・海外を問わず土地への投機に投入され，**バブル経済**に突入したのである。

### 2.4-5　円高・合理化の悪循環と財政の悪化

1991年，日銀が実施した金融引き締めを契機として信用収縮が起こり，在庫調整と重なった景気後退に，円高と世界的な景気後退が重なり，バブル経済は崩壊した。日本経済は，その後「**失われた10年**」と呼ばれる2000年代初頭までの10年以上にわたる長期不況に突入することになる。バブル経済のもとで好調に販売されていた高級商品は一気に売れなくなり，過剰な資金が流入していた株式市場と不動産取引では際限のない暴落が続き，銀行は過剰な貸付の結果として巨大な不良債権を抱えることになった。

民間企業では，国内市場の収縮に伴い，輸出の維持・拡大を目指したが，80年代半ばに約200円だった年平均為替レートは1990年に140円水準，さらに95年に向けて100円水準（95年4月の瞬間では1ドル＝79円台をつける）にまで高進する。日本の製造業各社は「為替レートが上がっても利益の出る企業体質」を目指して，必死の合理化を展開するが，合理化効果も円高によって吸収され，更なる合理化が求められる「円高＝合理化の悪循環」にさいなまれる。輸出に替わる海外生産の拡大が目指され，対欧米投資の拡充のほか，中国を含めたアジアへの投資も拡大し，産業の空洞化が進んだ結果，国内の生産規模は縮小し，ここでも合理化運動に拍車がかかることになる。

他方，不況は政府の財政運営にも深刻な影響を与えることになった。政府は，不況によって税収が落ち込む中で，景気対策のために公共投資をはじめ，財政支出を拡大した。注目されるのは諸外国，特にアメリカからの日本の景気回復にかける期待＝圧力の高まるなかで，東京湾横断道路，3本の本四架橋の建設など巨大プロジェクトが推進され，日本だけが公共投資を拡大し続けた点である。また政府は公共投資を拡大するために，地方債の発行条件の緩和を図ったため，地方自治体による大規模公共投資も大幅に拡大した。必然的に国と地方の財政状況は悪化し，2009年度末には600兆円にも及ぶ国の債務残高の上に，殆どの地方自治体が赤字財政に陥るなど，危機的な様相を呈することになったのである。

### ■2.4-6　世界最適調達と新しい日本的経営

阪神淡路大震災，オーム真理教事件に揺れた1995年は，日本経済においてもまた大転換の年であった。円の対ドル為替レートは95年4月に1ドル79円台に達し，橋本通産相とカンター米国通商代表との日米自動車交渉では，政府は民間企業の行動には規制を行わないという態度を貫いた。しかしその裏面で，自動車各社は日本国内の優れた部品生産能力にこだわらず，安くてよいものならどこからでも買うという，「**世界最適調達**」を内容とするボランタリープランを提示した。度重なる円高の中で，必死の努力で国際競争力を高め，国内産業基盤を基礎に発展してきた日本の製造業も，ついに本格的な**グローバル化**に踏み出すことになったのである。

製造業関連産業・中小企業の分野での転換に加えて，労働の分野における大転換が行われたのも1995年である。1994年の舞浜会議では，日本的経営を支えてきた「雇用と企業の社会的責任」を重視する主張と，「生産能力過剰・高齢化社会への移行に備えて雇用を柔軟化し，株主を重視し，効率よく利益を生み出せればよい」とする主張との間で激論が交わされた。この議論は日本経団連に引き継がれ，1995年，雇用の柔軟化・流動化が経営を守る重要手段と位置づけられる，「**新時代の日本的経営**」が公表された。

この考え方をさらに発展させ，日本の企業活動を支えてきた熟練度の高い労働者を分解し，最終的に終身雇用の基幹社員と有期・低賃金の非正規社員とを

組み合わせる**雇用ポートフォリオ**の考え方が提起されることとなった。労働者派遣法は1986年に成立したが，その後改正が繰り返されて派遣先が緩和されてきた。そして2006年に製造業への労働者派遣が合法化されると，一気に低賃金・非正規雇用者が増加し，また低賃金労働者の一形態として外国人労働者の雇用も増加し，2006年には年収200万円以下の労働者が1000万人にも達する，アメリカに次ぐ世界第2の貧困化社会を生み出したのである。

### ■2.4-7　海外生産拡大と外資による日本企業買収

　1990年代を通じて日本企業の海外生産比率は急速に増大し，国内生産規模を上回るまでになった。全世界を市場とする巨大な日本企業にとって，多国籍経営をどのように展開するかは最大の課題の1つとなった。巨大な輸出に支えられて日本国内に各11社が乱立してきた自動車産業，電機産業では，企業間の格差が目立ち始め，産業再編成が進むことになった。電機産業ではそれぞれの部門ごとに上位3社程度に集約する再編成が進み，自動車産業では，グローバル経営を自力で展開できる企業と，外国資本に依存して生き残る企業とに分かれることになった。こうしたグローバル展開と企業再編成を経て，電機産業の影響力は急速に低下し，日本経済は自動車産業に過度に依存するバランスを欠いた構造に変化してゆくのである。

　他方，新自由主義的経済の中心を担う金融部門では，1980年代半ば以降，情報化の進展と並行して，コンピューターネットワークを利用した金融取引が進み，国際金融取引残高は爆発的に拡大することになった。巨大化した金融資本は企業の買収・転売を繰り返しながら巨大な利益を上げ，資本主義は投機的な様相を呈しつつあった。1990年代後半には，グローバルな**M&A（合併・買収）**が展開され，世界の産業部門は殆どの分野で10社以下に寡占化されることになった。この流れを受けて，日本に対する金融自由化の圧力が強まるとともに，銀行を始めとする金融部門のほか，製造業主要企業や関連する部品生産部門，素材産業なども国際金融資本にとって格好のM&Aの対象となった。またこのような巨大企業の合併に対抗するため，日本企業どうしで集中合併が急速に進むことになった。

## ■2.4-8　輸出依存による「日本企業の一人勝ち」

　厳しい環境にあった日本企業の経営内容も，2000年代半ばには急速に改善され，「日本企業の一人勝ち」という言葉が喧伝されることになる。これは，**IT バブル**と呼ばれたアメリカ経済の好況によってアメリカ市場での日本メーカー製品の販売が絶好調であり，また中国市場の成長が加速され，中国での現地生産とそのための設備・部品輸出が好調であったこと，そのため日本市場も好調に推移したことによる。日本経済を代表する産業になった自動車産業では，トヨタ自動車が圧倒的な利益を上げ，1社で1兆円～2兆円の純利益を上げるという好調ぶりであった。

　しかしこのような企業業績の好調は，市場面での成功以外に，企業における徹底した合理化とコスト節減に支えられていた。グローバル化した市場競争の中で，親企業は中国並みの低賃金＝低価格部品の生産を求め，国内では厳しい購買コストダウンと労務コストの節約を進めた（図表2-11）。

　このような中で，自民党小泉政権による**構造改革**が強行され，国民諸階層間の所得再分配構造の転換（社会保障費の削減など），大都市から地方への地域間再分配構造の転換（地方での公共投資削減など），成長産業から斜陽産業への再分配構造の転換（農業補助金の削減など）が進められた。これは日本経済発展の足かせになっている弱者を自由競争・市場原理の名のもとに切り捨て，優勝劣敗・弱肉強食型の競争を強め，社会の不平等や格差の拡大が問題化されることになった。**郵政民営化**では，郵便事業と郵貯・簡保を分離し，全国津々浦々から集められた金融資産は民間の金融市場にも投入された。そして金融資本によるアメリカ市場への資金投入はアメリカのバブル経済を加速し，日本企業のアメリカ市場での好調を支えるものになったのである（輸出依存型産業構造）。

## ■2.4-9　アメリカ発金融危機と世界同時不況

　日本企業が業績の好調を謳歌していた2007年の後半から，アメリカでは**サブプライム・ローン**の破綻が既に顕在化していた。過剰な資金供給によって土地価格を高騰させ，それを担保にさらに資金を貸し付けるという方法で，アメリ

図表2-11 若年層(15～34歳)における非正規雇用比率の推移

(%)

| 年 | 15～24歳 | | | 25～34歳 | | |
|---|---|---|---|---|---|---|
| | 男女計 | 男性 | 女性 | 男女計 | 男性 | 女性 |
| 1988 | 17.2 | 17.9 | 16.4 | 10.7 | 3.6 | 25.9 |
| 1989 | 20.1 | 20.4 | 19.9 | 10.7 | 3.8 | 24.5 |
| 1990 | 20.5 | 19.9 | 20.7 | 11.7 | 3.2 | 28.2 |
| 1991 | 20.8 | 21.4 | 20.3 | 10.9 | 2.8 | 25.3 |
| 1992 | 20.9 | 21.2 | 20.4 | 12.0 | 3.1 | 28.4 |
| 1993 | 23.1 | 22.5 | 23.6 | 12.0 | 3.7 | 27.1 |
| 1994 | 22.2 | 21.3 | 23.2 | 11.9 | 3.0 | 27.1 |
| 1995 | 26.0 | 23.7 | 28.3 | 11.9 | 2.9 | 26.8 |
| 1996 | 27.5 | 25.3 | 29.8 | 12.8 | 4.2 | 27.2 |
| 1997 | 32.3 | 29.6 | 34.9 | 13.9 | 5.1 | 28.4 |
| 1998 | 34.5 | 31.7 | 37.5 | 14.4 | 5.1 | 29.4 |
| 1999 | 36.6 | 33.7 | 39.8 | 16.0 | 6.2 | 31.6 |
| 2000 | 40.5 | 38.6 | 42.3 | 15.8 | 5.7 | 32.0 |
| 2001 | 43.5 | 41.8 | 44.9 | 18.2 | 7.1 | 34.9 |
| 2002 | 43.2 | 39.1 | 47.5 | 20.5 | 9.4 | 36.7 |
| 2003 | 45.0 | 41.8 | 48.4 | 21.5 | 10.2 | 37.8 |
| 2004 | 45.2 | 41.4 | 48.9 | 23.3 | 11.7 | 40.2 |
| 2005 | 47.7 | 44.3 | 51.1 | 24.3 | 12.9 | 40.7 |
| 2006 | 46.0 | 43.2 | 48.9 | 25.2 | 13.4 | 41.5 |
| 2007 | 46.4 | 43.3 | 49.6 | 25.8 | 13.8 | 42.4 |
| 2008 | 46.4 | 44.4 | 48.3 | 25.6 | 14.2 | 41.2 |
| 2009 | 46.9 | 42.8 | 51.2 | 25.5 | 13.1 | 41.9 |

(出所)総務省「労働力調査特別調査」1988～2001年、総務省「労働力調査(詳細集計)」2002年～2009年
…総務省統計局HPで公表されている「労働力調査 長期時系列データ」を利用して仁和誠司氏作成。
→HPアドレス(http://www.stat.go.jp/index.htm)
注1)「非正規の職員・従業員」が「役員を除く雇用者(内訳の合計)」に占める割合を非正規雇用比率としている。
注2)1988～2001年は2月、2002年～2008年は年平均、2009年は1～3月平均の数値を用いており、また、「労働力調査特別調査」と「労働力調査(詳細集計)」では調査方法などが異なるため、時系列比較には注意を要する。

カの信用は極限までに膨張し、しかも債権はさまざまな金融商品に組み込まれて全世界に販売されていた。この底なしの金融リスクの分散は、ついに2008年9月、米国投資銀行リーマンブラザーズの経営破綻として顕在化した。いくつかのアメリカの金融機関は公的資金注入などの政府支援を受けざるを得なくなり、金融に最も近い産業といわれる自動車産業では、アメリカのGM、クライスラーが破綻したほか、欧州でも自動車需要が激減し、工場閉鎖・従業員削減と再編が続いている。欧米各国の政府は、この不況を乗り切るために、企業再建の資金を投入するほか、販売促進のためのインセンティブを制度化するなど、財政支出を拡大している。

2000年代前半に「一人勝ち」を謳歌した日本経済にとっても事態は深刻である。日本では、トヨタ自動車が2008年には生産台数で世界一になったが、アメ

リカのバブル経済崩壊を契機に全世界での販売が縮小，2008年度には赤字決算に転落した。主たる原因は，日本で生産された高級車種の輸出が激減したことにある。アメリカ発の金融危機は，ドル安＝円高を招き，為替レートは90円前後まで高進し，輸出利益が大幅に縮減したのである。

今回の世界同時不況は，自動車不況といわれるほど自動車産業への影響が大きいが，それだけに90年代後半から過度に自動車産業に依存してきた日本経済は，深刻な影響を受けた。既に2007年度後半から下請中小企業への発注は減少していたが，2009年度に入って部品メーカー，設備メーカーへの発注も激減，自動車用エレクトロニクスに重点を移しつつあった電機メーカーにも影響が広がった。この中で国民生活に対する影響も深刻である。2008年度末から，自動車産業を皮切りに派遣労働者の全面的な解雇が開始され，寮からも追い出されてホームレス化するなどの悲惨な事例が生まれた。大企業・中堅企業の工場閉鎖や生産能力の削減，そして中小企業の倒産も高水準で推移している。

世界同時不況に対する政府の政策は，財政支出の拡大である。各国政府は軒並み，史上最大規模で財政支出を拡大したが，この中で倒産企業に対する資本投入や環境対応商品に対する技術開発援助，あるいは販売促進制度の拡充が各国において推進された。2009年度末の現段階では，世界の景気動向はひとまず落ち着いているが，依然として予断を許さない情勢にある。

今回の不況は，90年代後半以降激増した低所得者層，貧困層を直撃することとなり，新自由主義的経済政策はこの面でも全面的な見直しを迫られることになった。自民党政府は2009年度に大規模な補正予算を組み，予算総額は102兆円にも上るものとなったが，国民の不満は鬱積しており，2009年8月の総選挙では，1955年以来50年以上続いてきた自民党政権を崩壊させ，替わって国民生活に主眼をおき，「コンクリートから人への政策転換」を主張する民主党を中心とする連立政権を登場させた。こうして再び政府の社会的役割が重視される時代に転換しつつあるが，政府予算総額が90億円を超えるのに対し，不況によって税収は40億円を切るような事態にあり，今後の政策運営は容易ではない。

## ■2.4-10 中国・インドの急成長と日本経済の課題

1989年のベルリンの壁崩壊以来，社会主義諸国の情勢は激変した。ソ連・東

欧の社会主義は崩壊し，中国では社会主義市場経済への転換が進められた。20世紀の歴史を規定してきた社会主義対資本主義の対抗関係は大きく変化したが，21世紀に入って中国をはじめブラジル，インド，ロシア（BRICs諸国）などの急速な発展が注目されるようになった。特に世界の約40％を占める人口を背景とした中国とインドの経済発展は目覚しく，中国については，世界金融危機・同時不況の中でも積極的な財政支出を展開していち早く高度成長を取り戻し，近年，アジア・アフリカ・ロシアやアメリカなど，全世界への投資を拡大して，世界経済に占める存在感を急速に増している。これら発展途上国の急成長の裏面には，欧米日など先進資本主義国の過剰資本投入が大きな役割を果たしているが，逆に，過剰生産が深刻化する先進資本主義諸国にとっても，中国・インドなど，成長を続ける投資先の存在は不可欠である。とりわけ中国の巨大かつ急速な発展は，成長の行き詰った日本資本主義にとっては死活的重要性を持っている。

　2000年代に入っての日本経済の「一人勝ち」は，主としてアメリカ市場における日本企業の好調に依存していた。今後の日本経済の行く末を考える場合も，依然としてアメリカ市場の重要性は低下することはない。しかし，中長期的に見て，中国を中心とする東アジア，あるいはインドまでを射程に入れたアジア全域の経済発展を考えると，日本の将来の発展を日米同盟に託すのか，あるいはアジア（東アジア）との連携に託すのかは重要な論点であろう。近年注目を浴びている「**東アジア共同体**」構想は，その１つの具体的な姿である。

　このような地域統合（地域経済統合）の先進例として，1992年に**マーストリヒト条約**（正式名称は**欧州連合条約**）を結んだヨーロッパを見ることが出来る。ヨーロッパでは戦前から欧州統合の構想が打ち出されてきたが，1957年，ローマ条約を締結してEEC（欧州経済共同体）を発足させてきた。生産力の発展に伴って交易の範囲が拡大し，これに伴って小国家が次第に統合してゆくのは歴史の必然とも考えられる。ドイツ，英国，スペイン，イタリアなど，欧州各国はそれぞれこのような統合の歴史を持っているが，産業の規模が巨大化し，国際競争が加速度的に激化している今日，ついにヨーロッパ諸国が連合するという構想が実現したのである。1999年，EUは単一通貨**ユーロ**を導入し，資本・労働力・商品の国境を越えた移動を自由化し，人口約３億人の単一市場

アメリカとその通貨＝ドルに対抗する一大勢力となった。

　翻って日本国内の現実を見ると，とりわけ2000年代に入っての小泉政権に象徴される新自由主義的合理化政策は，日本社会のあらゆる分野でのひずみを拡大し，さまざまな分野での社会システムの破綻・崩壊を生み出した。1955年以来の政治構造の転換が，果たしてどのような日本社会の展望を切り開くか，未だ予測することは困難であるが，この議論の行く先には，新しい日本と世界の政治・経済構造の形成，そして私たちの生活する社会のあり方の未来に深く関わっていることは疑いがないだろう。

<参考資料>

日本の主要経済指標（1970年-2005年）

|  | 1970年 | 1975年 | 1980年 | 1985年 | 1990年 | 1995年 | 2000年 | 2005年 |
|---|---|---|---|---|---|---|---|---|
| 労働力人口 | 5153万人 | 5323万人 | 5650万人 | 5963万人 | 6384万人 | 6666万人 | 6766万人 | 6650万人 |
| 完全失業率 | 1.1% | 1.9% | 2.0% | 2.6% | 2.1% | 3.2% | 4.7% | 4.4% |
| 第一次産業就業者比率 | 19.3% | 13.8% | 10.9% | 9.3% | 7.1% | 6.0% | 5.0% | — |
| 第二次産業就業者比率 | 34.0% | 34.1% | 33.6% | 33.1% | 33.3% | 31.6% | 29.5% | — |
| 第三次産業就業者比率 | 46.6% | 51.8% | 55.4% | 57.3% | 59.0% | 61.8% | 64.3% | — |
| 国内総生産（実質） | 190兆円 | 237兆円 | 315兆円 | 368兆円 | 468兆円 | 481兆円 | 504兆円 | 526兆円＊ |
| 貿易収支 | 39億ドル | 50億ドル | 21億ドル | 560億ドル | 635億ドル | 6兆9千億円 | 7兆4千億円 | 7兆7千億円 |
| 外貨準備高 | 44億ドル | 128億ドル | 252億ドル | 265億ドル | 771億ドル | 1828億ドル | 3616億ドル | 8469億ドル |
| 対ドル基準相場（年末） | 360.00 | 305.15 | 203.60 | 200.60 | 135.40 | 102.91 | 114.90 | 117.48 |
| 消費者物価指数 | 31.8 | 54.8 | 75.2 | 86.1 | 92.1 | 98.5 | 100 | 97.8 |
| 国債依存度 | 4.2% | 25.3% | 32.6% | 23.2% | 10.6% | 28.0% | 36.9% | 38.6% |
| 自動車生産台数 | 529万台 | 694万台 | 1104万台 | 1227万台 | 1349万台 | 1019万台 | 1014万台 | 1080万台 |

（注）＊印は2004年データ。
（出所）『数字で見る日本の100年』，（財）矢野恒太郎記念会刊，改訂第5版より作成。

■ コーヒーブレイク

## *Coffee Break* ハンバーガーと海外移民

　社団法人日本ハンバーグ・ハンバーガー協会によれば2008年，日本におけるハンバーガーの生産量は1日当たり400万食を超え，ハンバーガー・ショップの数も5,000店舗以上にのぼり，ハンバーガーは日本のファスト・フード文化を代表する食べ物になっている。ハンバーガーの起源については諸説あるが，18世紀のドイツ北部の港町ハンブルクの港湾労働者が愛好したタルタルステーキが「ハンブルク風ステーキ」（ハンバーグステーキ）としてアメリカにもたらされ，そして，1904年にアメリカのセントルイスで開催された万国博覧会の会場で，「ハンブルク風ステーキ」を丸いパンでサンドして売りに出されたものが現在のハンバーガーの原型となった，というのが有力な説の1つである。

　「ハンブルク風ステーキ」がアメリカに伝えられた18世紀〜20世紀初頭は，ヨーロッパから大量の移民がアメリカに渡った時代であった。1824〜1924年の100年間にヨーロッパから海外をめざした移民の数は5,200万人にものぼり，その7割近くがアメリカに向かったのである。アメリカに移住した移民たちの主要出身地は，1880年代までがイギリス，アイルランド，そしてドイツであった。1880年代以降になると，イタリアを中心とする南ヨーロッパと，東ヨーロッパおよびロシアからの移民が急増した。ドイツ系移民の大半と東ヨーロッパ系移民の一部はハンブルクから乗船してヨーロッパ大陸を後にしており，このハンブルクからの移民たちによって「ハンブルク風ステーキ」がアメリカにもたらされたと考えられている。

　移民たちはアメリカでの経済的成功，すなわちアメリカン・ドリームを夢見て大西洋を渡ったといわれるが，それはまったくの未知なる世界への挑戦というわけではなかった。移民の大多数は先行した移民の後に続く「連鎖移民」といわれ，先にアメリカに移住していた親族や友人などからの便りや，一時帰国者たちからもたらされる情報をもとにして移住の時期や目的地を選択し，渡航後も郷土を同じくする移民たちのネットワークの世話を受けつつ，生活の基盤を築いた。このような「連鎖移民」の慣行は，古くからみられた国内移動やヨーロッパ内部の国際移動の歴史を通じて培われたものであった。産業革命以

☕ コーヒーブレイク

降の急速な経済変動は，ヨーロッパにおける従来からの移住のダイナミズムを拡大，加速させるとともに，グローバルな食文化の形成にも寄与することとなったのである。

# 第3章 市場経済とミクロ経済学

## 3.1 市場経済の仕組み

　本章では，人々がものを売ったり，買ったりするような経済活動について，基礎的な理論を学ぶ．人々がものを売ったり買ったりする場は，店舗，インターネット上，通信販売など，多様である．多様な売買の場を総称して**市場**（しじょう）と呼ぶ．

　市場では，さまざまなものが取引される．日用品や自動車，DVDなどの目に見えるものや，保険，散髪，ショーなど，目に見えない商品もある．市場で取引されるものを総称して**財・サービス**と呼ぶ．

　財・サービスの買い手側を**消費者**あるいは**家計**，売り手側を**生産者**と呼ぶ．生産者は，売り物を生産したり，商社のように他者から仕入れたりして，市場に提供する．生産者自身が生産していなくとも，市場に流通するように売り物を用意する活動を，生産活動と呼び，市場に提供することを**供給**と呼ぶ．個人が，商品を欲しがることを**需要**と呼ぶ．

　これらの言葉を使い次のように表現できる．家計は，労働力を売って，収入を得て，財・サービスを需要する．一方，生産者は，労働力や製造機械などを買い，それらを使って財・サービスを生産して供給する．労働力や製造機械など，生産活動に使われるものを**生産要素**と呼び，これらが取引される市場を生産要素市場と呼ぶ．これと対比させて，前述の財・サービスの市場を**生産物市場**と呼ぶ．生産物市場と生産要素市場とでは，買い手と売り手が逆転する．生産物市場では，生産者が売り手で供給側，家計が買い手で需要側であった．生産要素市場では，生産者が買い手で需要側，家計が売り手で供給側である．

　以上をまとめると，生産者は生産要素を使って財・サービスを生産し，生産物市場に供給する．財・サービスの売り上げから資金を得て，生産要素を生産要素市場で需要する．家計は，労働力を生産要素市場に供給し，労働力を売っ

て収入を得,財・サービスを生産物市場で需要する。

本章では,市場経済における需要と供給の関係について学ぶ。まず,次節で,需要と供給の量と価格の関係をみてみよう。

## 3.2 需　要

### ■3.2-1　個人の需要

この節では,個人の需要と価格の関係について考える。例えば,映画好きの健史が1年に買うDVDの枚数は,DVDの価格に左右される。健史は,DVD1枚に4000円まで出してもよいと思っている。DVDが4000円より高いときには,健史はDVDを購入しない。逆に,DVDの価格が4000円以下のとき,その価格が安いほど多くのDVDを買いたいと思う。DVDの価格と健史が購入したいと思うDVDの枚数の関係を示しているのが,図表3-1である。この表は,**需要表**と呼ばれる。健史は,DVDが4000円のとき1枚買う,3000円のとき2枚,2000円のとき3枚,1000円のとき4枚,0円のとき5枚買う。このように,価格が安くなるほど,健史は多くDVDを買う。言い換えれば,価格が下がるほど,健史のDVDへの需要は大きくなる。

健史のDVDへの需要量とDVDの価格の関係を表す曲線を,健史の**需要曲線**と呼ぶ。図表3-1をもとに需要曲線を描いてみよう。需要量と価格の関係をグラフにする際には,慣例的に,縦軸を価格に,横軸を需要の数量にする。グラフにおける点の位置を座標といい,(横軸の数字,縦軸の数字)で表す。それぞれの価格での座標が,図表3-1の3列目に掲げられている。各座標をグラフ上に点AからEで表しているのが,図表3-2である。点AからEまでを直線で結んだものが需要曲線である。この例では,需要曲線が直線であるが,呼称は需要曲線である。

図表3-2の健史の需要曲線は,DVDの枚数（需要量；$x$）とDVD1枚の価格（$p$）を使った1次関数 $p = -1000x + 5000$ で表すことができる。この1次関数を求めるには,点AからDのうち好きな2点を選び,2つの座標の数値を $p = ax + b$ の $x$ と $p$ に代入し,$a$ と $b$ の値を求めればよい。なお,$p = -1000x +$

図表3-1　健史のDVDの需要表

| DVDの価格 | DVDの需要量 | グラフでの座標 | グラフでの点 |
|---|---|---|---|
| 4001円以上 | 0枚 | | |
| 4000円 | 1枚 | (1, 4000) | A |
| 3000円 | 2枚 | (2, 3000) | B |
| 2000円 | 3枚 | (3, 2000) | C |
| 1000円 | 4枚 | (4, 1000) | D |
| 0円 | 5枚 | (5, 0) | E |

図表3-2　健史のDVDの需要曲線

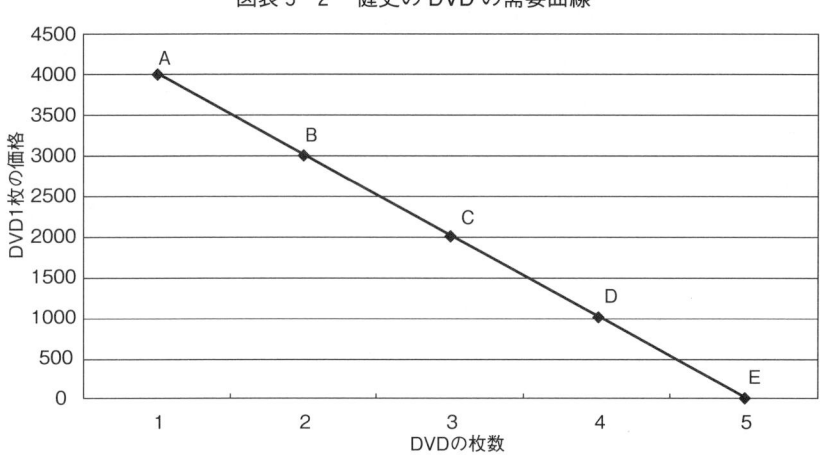

5000の1次関数での，-1000は需要曲線の傾きを表し，5000は需要曲線を左上方へ延ばしたとき，縦軸と交わる点を示している。傾きを表す-1000が負であることは，価格と需要量の関係が負であることを示している。**負の関係**とは，価格が下がるほど需要量が増大し，価格が上がるほど需要量が減少するという，増減が逆向きの関係にあることである。この関係は，図表3-2の需要曲線が**右下がり**であることで示される。

### ■3.2-2　市場の需要

　前節では，健史個人の需要を示した。DVDの買い手は，健史1人ではない。DVDの市場では，不特定多数の消費者が買い手となりうる。DVD市場

## 第3章 市場経済とミクロ経済学

図表3-3 健史，陽子，市場の需要量

| DVDの価格 | 健史の需要量 | 陽子の需要量 | 島の需要量 |
|---|---|---|---|
| | 健史の需要量＋陽子の需要量＝島の需要量 | | |
| 5000円 | 0枚 | 1枚 | 1枚 |
| 4000円 | 1枚 | 3枚 | 4枚 |
| 3000円 | 2枚 | 5枚 | 7枚 |
| 2000円 | 3枚 | 7枚 | 10枚 |
| 1000円 | 4枚 | 9枚 | 13枚 |
| 0円 | 5枚 | 11枚 | 16枚 |

図表3-4 健史、陽子、島の需要曲線

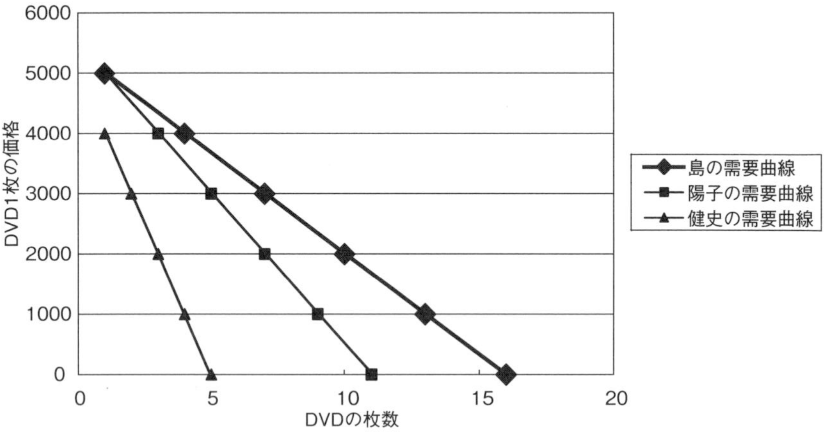

全体の需要はどのように考えればよいであろうか。計算を単純にするため，人口が2人の島を仮定しよう。この島には，健史と陽子だけが住んでいる。この島のDVD市場の需要について考えてみよう。図表3-3は，健史と陽子のDVD需要量を示している。島には，健史と陽子しかいないので，島の需要量は2人の需要量の合計である。DVDのそれぞれの価格で，健史と陽子の需要量を合計したものが，島の需要量である。DVDが1枚5000円のときの島の需要量は，1枚である。5000円では高すぎて健史は買わないので，陽子の需要量が島の需要量になる。DVDが1枚3000円のときには，健史の需要量2枚と陽子の需要量5枚の合計7枚が島の需要量である。

健史も陽子も，DVDの価格が安いほど，DVDを多く買いたいと思う。健

史と陽子の需要曲線は両方とも，右下がりである。従って，2人の需要を合計した島の需要曲線も，右下がりである。

市場での財・サービスの取引の仕組みを学ぶとき，その財・サービスが「いくらでどのくらい欲しがられるか」というのは，重要なポイントである。需要曲線は今後，しばしば登場する。需要曲線を使って，財・サービスの市場取引を分析する際に，注意すべき重要な前提がある。それは，需要曲線が表す価格と需要量の関係は，**価格以外で需要量を左右する要因は変化しないという**前提のもとで成立しているということである。価格以外で需要量に影響する要因はすべて変化しない状況のもとで，**価格だけ**が変化するとき，需要量がどのように変化するかを表しているのが需要曲線である。

### ■3.2-3 需要に影響する要因

前節で，価格だけが変化するときの価格と需要量の関係を表すのが需要曲線であると述べた。価格以外で需要量に影響する要因とは，どのようなものがあるだろうか。ここでは，代表的な3つの要因を挙げる。

**嗜好**：DVDの需要の例では，映画や音楽がどのくらい好きかということが，DVDの需要量に大きく影響する。非常に映画が好きで，繰り返し鑑賞したい人は，DVDが同じ価格でも，映画が嫌いな人よりもより多くのDVDを購入したいと思うだろう。例えば，DVDが3000円で，健史の需要量が2枚，陽子の需要量は5枚である。2人の他の要因が同じであるなら，陽子の方がより映画または音楽が好きだといえる。このとき，陽子の需要曲線は，健史のものより右側にある（図表3-4参照）。

**所得**：同程度の映画好きでも，使えるお金の量によって，DVDの需要量は変わる。例えば，健史がアルバイト先で解雇されたとする。このとき，健史のDVD需要量は，すべての価格で減る。需要曲線がよりDVD枚数の少ないほう，つまり，より左側へ移動する。これを，需要曲線が**左へシフト**すると言う。DVDのように所得が減ると需要が減り，所得が増えると需要が増える財・サービスを**正常財**と呼ぶ。逆に，所得が減少すると需要が増え，所得が増

えると需要が減る財・サービスを**劣等財**と呼ぶ。例えば，じゃがいもで満腹感を得ていたけれど，お金持ちになったらじゃがいもを食べずに高級和牛肉を食べるというような，じゃがいもが劣等財に該当する。

**関連の財・サービス**：例えば，DVDレンタルサービスは，DVD購入の代わりになるサービスである。DVDレンタル料金が大幅に値上げされれば，レンタルが減って，DVD購入の需要量が増加する。このように，代わりになる財・サービスを**代替財**と呼ぶ。DVDプレーヤーが値下げされると，DVDプレーヤーを購入しやすくなり，所有者が増えて，DVDの需要量が増大する。このように，価格が下がると，別の財・サービスの需要量が増加するとき，これら2つの財・サービスを**補完財**と呼ぶ。

これら，価格以外の要因は，需要曲線をシフトさせる。つまり，これらの要因は，すべての価格で需要量を減らしたり，増加させたりする。一方，価格の上下は，需要曲線上の変化である。価格が上がると需要曲線に沿って需要は減り，価格が下がると需要曲線に沿って需要は増える。

## 3.3 供　給

### ■3.3-1　生産者1社の供給

最初の節で述べたように，生産者は，生産要素市場で労働力や製造機械を購入して，生産活動をしている。例えば，DVDの生産では，工場を建設し，労働者を雇い，材料を購入して，DVDを生産している。もちろん，工場の労働者以外に，DVDの売り込みの営業や労働者の給料管理などの業務を行う労働者も必要である。これらの生産活動には，工場建設や維持費，給料などすべてお金がかかっている。

DVDの価格が安すぎると，生産活動を続けるために必要なお金を生産者は売り上げから得ることができない。逆に，DVDの価格が高いならば，生産者は利益を得ることが容易で，DVDをより多く生産して市場に供給できる。つまり，DVDの価格が高いほど，DVDの供給量は増大する。

図表3-5　Q社のDVDの供給表

| DVDの価格 | DVDの供給量 | グラフでの座標 | グラフでの点 |
|---|---|---|---|
| 5000円 | 400枚 | (400, 5000) | F |
| 4000円 | 300枚 | (300, 4000) | G |
| 3000円 | 200枚 | (200, 3000) | H |
| 2000円 | 100枚 | (100, 2000) | I |
| 1000円 | 0枚 | (0, 1000) | J |

図表3-6　Q社のDVDの供給曲線

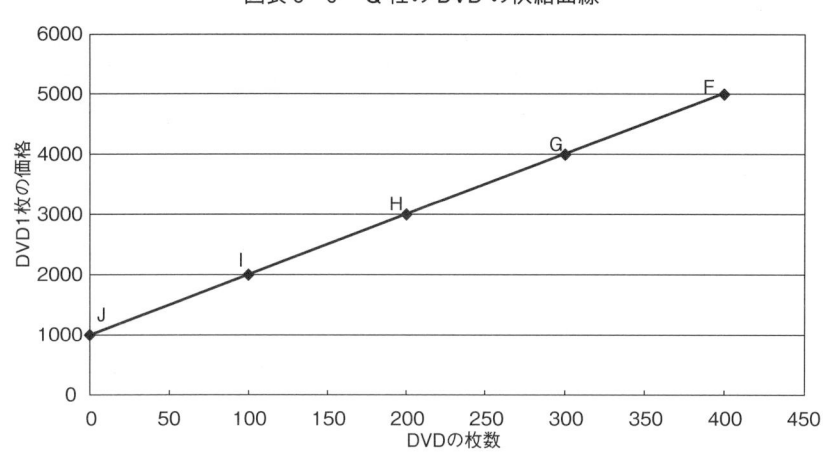

　例えば，DVDメーカーのQ社の供給とDVDの価格との関係を，図表3-5に掲げた。図表3-5のような表は，供給表と呼ばれる。Q社は，DVDが1枚1000円では利益をあげることができず，供給をやめてしまう。DVD1枚の価格が，2000円になると100枚，3000円になると200枚，4000円になると300枚，5000円になると400枚と，価格が上がるにつれて供給量を増大させる。健史の需要の場合と同様に，DVDの各価格での供給量と価格とを表す点FからJをグラフにし，各点を結んだ線が**供給曲線**である。供給曲線は，価格と供給量の関係を表している。ここで重要なポイントは，価格以外の供給量に影響する要因は変わらないという前提のもとに，供給曲線の価格と供給量の関係は成立している点である。この点は，需要曲線の場合と同様である。
　健史の需要曲線の場合と同様に，連立方程式によって供給曲線を求めると，

Q社の供給曲線は，$p=10x+1000$と表される。この式で，10は供給曲線の傾きを表す正の数である。これは，**正の関係**を示している。正の関係とは価格が高いほど供給量が多く，価格が低いほど供給量が少ないという関係をさしている。この関係は，供給曲線が右上がりであることで示される。

### ■3.3-2 市場の供給

ある財・サービスで生産者が1社である場合には，市場の供給曲線は，その1社のものと同じになる。1社だけの生産者が生産する財・サービスに非常に近い代替財がない場合，その生産者は，**独占**であるという。生産者が2社以上の複数存在するときには，すべての生産者の供給曲線を合計したものが，市場の供給曲線となる。生産者が2社である場合の例を図表3-7と図表3-8に掲げる。これは，需要の場合と同様である。

### ■3.3-3 供給に影響する要因

価格だけが変化するときの価格と供給量の関係を表すのが供給曲線であると前述した。価格以外で供給量に影響する要因とは，どのようなものがあるだろうか。ここでは，代表的な2つの要因を挙げる。

**生産要素の価格**：DVDを生産するために必要な機械，材料の価格が上昇した場合，Q社は，DVD1枚3000円で200枚供給していたが，この価格かつ供給量では，機械や材料費が上昇した分の利益が減少することになる。このとき，生産者は，価格を上昇させるか，供給量を減らすか，または，両方を行う。これらの行動は，供給曲線のグラフを左にシフトさせる。

**技術**：DVDを生産する上での技術進歩が，安くて優秀な製造機械を生み出せば，Q社は，より安く，より少ない労働者で生産が可能になる。この技術進歩は，Q社の生産費用を減少させ，Q社のDVDをより安く，より大量に供給することを可能にし，Q社の供給曲線を右にシフトさせる。

これら，価格以外の要因は，供給曲線をシフトさせる。つまり，これらの要

図表3-7　Q社，S社，市場の供給量

| DVDの価格 | Q社の供給量 | S社の供給量 | 市場の需要量 |
|---|---|---|---|
| | Q社の供給量＋S社の供給量＝市場の供給量 | | |
| 5000円 | 400枚 | 90枚 | 490枚 |
| 4000円 | 300枚 | 60枚 | 360枚 |
| 3000円 | 200枚 | 30枚 | 230枚 |
| 2000円 | 100枚 | 0枚 | 100枚 |
| 1000円 | 0枚 | 0枚 | 0枚 |

図表3-8　Q社、S社、市場の供給曲線

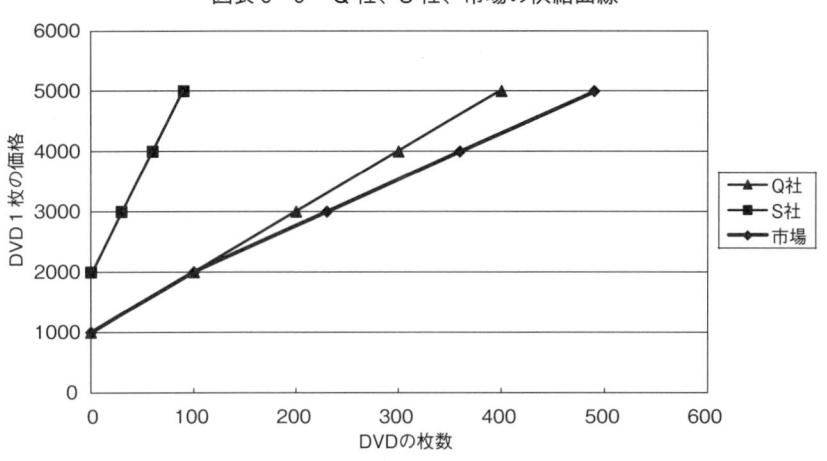

因は，すべての価格で供給量を減らしたり，増加させたりする。一方，価格の上下は，供給曲線上の変化である。価格が上がると供給曲線に沿って供給は増え，価格が下がると供給曲線に沿って供給は減る。

## 3.4 市場均衡

### ■3.4-1　市場均衡

　前節において需要と供給に関する体系的な議論を展開したが，この節では，前節の議論を踏まえて，市場でどのような取引が行われるのかを詳細に議論する。身近な例から始めよう。例えば，野菜の価格は，（買い物に行く人は経験

しているだろうが，）非常によく変わる。これには，2つの要因がある。つまり，需要と供給である。野菜の供給は天候などに左右されやすく，それにより，供給量が変動しやすい。そのため，供給量が少ないときは，通常の需要量に比べ，供給量が不足し，価格が上昇することで調整せざるを得ない。逆に，供給量が予想外に多いときは売れ残りが生じ，価格が低下することで調整せざるを得ない。また，需要の変動でも価格は変わる。一時期外国製の野菜が残留農薬などの問題で敬遠されることがあった。このときも，国産の野菜の価格が大幅に上昇したのに比べ，外国製の野菜は大幅に価格下落となった。これは，外国製の野菜に対して，需要が大幅に減少して売れ残りが生じ，価格が低下せざるを得なかったからである。一方，国産の野菜は需要が増え，それによって，供給不足が生じ，今度は価格が上昇することで調整せざるを得なかったのである。

上記の例からもわかるように，価格は需要と供給という2つの要因に依存するのであるが，市場の取引を理解するためには我々はもっと基本的な問題から考える必要がある。つまり，市場では価格はどのように決まるのだろうか？　また，そのとき，どのような取引が行われているのだろうか？　実際，この節での我々の分析はこの問題に答えることから始まる。

前節で，ある財の市場での，人々の需要状態は，（財の）**需要曲線**（または，（財の）**需要関数**）で表せることを議論した。需要曲線は各価格に対して，市場でどれくらいの需要量があるかを示した表である。それは，縦軸を価格とし，横軸を需要量として，グラフとして描くことができた。同じように，人々（あるいは企業）の供給状態は，（財の）**供給曲線**（または，（財の）**供給関数**）で表せることも前節で示された。供給曲線は各価格に対してどれくらいの供給量があるかを示した表である。それは，縦軸を価格とし，横軸は供給量として，グラフとして描くことができた。実は，（財の）**市場価格**がどう決まるかは需要曲線と供給曲線という二つの曲線を同じ座標平面の中で見ることによって，非常に明快に理解できる。需要曲線と供給曲線が同じ座標平面の中で描くことができるのは，縦軸は両方とも価格であり，横軸も，需要量だろうと供給量だろうと，財の物理的単位で目盛りをつけるので，横軸は需要量と供給量の両方を表すことができるからである。

図表 3-9

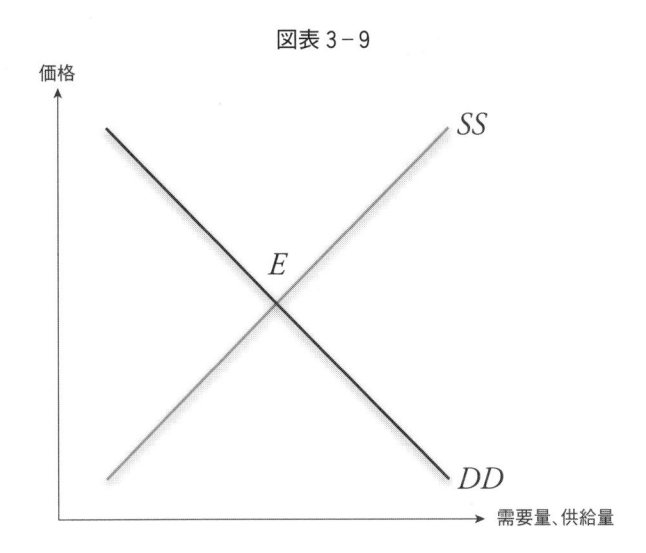

[図: 縦軸「価格」、横軸「需要量、供給量」。右上がりの供給曲線 $SS$ と右下がりの需要曲線 $DD$ が交点 $E$ で交わる。]

　実際，図表 3-9 を見ると需要曲線 $DD$ と供給曲線 $SS$ が同じ座標平面に描かれている。一般に，需要曲線は右下がりであり，供給曲線は右上がりだから，図からも分かるように一点で交わる。この交点 $E$ こそ，**市場均衡**と呼ばれる最も基本的で重要な市場状態を表している。なぜ，この点の状態が最も基本的で重要なのだろうか？ それは，財市場では，需要状態と供給状態，つまり需要曲線と供給曲線が不変ならば，必ず財の取引は市場均衡点に収束し，いったん市場均衡の状態になったならば，そこで市場取引は安定し，変化することがないからである。以下でこのことを説明する。

　図表 3-10 を見ると，市場価格 $P_1$ が市場均衡での価格 $P^*$ より高いのが分かる。このとき，市場での需要量は $D_1$ で，供給量は $S_1$ であるから，供給量が需要量を上回り（これを**超過供給**という），どのような取引が行われようと必ず売れ残りが生ずる。このとき，市場では，現在の市場価格 $P_1$ より安くしても財を売りたいという人々が出てくるから，市場の価格に下落圧力が掛かり，実際に価格は下降していく。このプロセスは供給量が需要量を上回る限り続く。

　次に図表 3-11 を見ると，市場価格 $P_2$ は，市場均衡での価格 $P^*$ より，低いのが分かる。このときは，市場での財の需要量は $D_2$ で，供給量は $S_2$ であるか

図表 3-10

図表 3-11

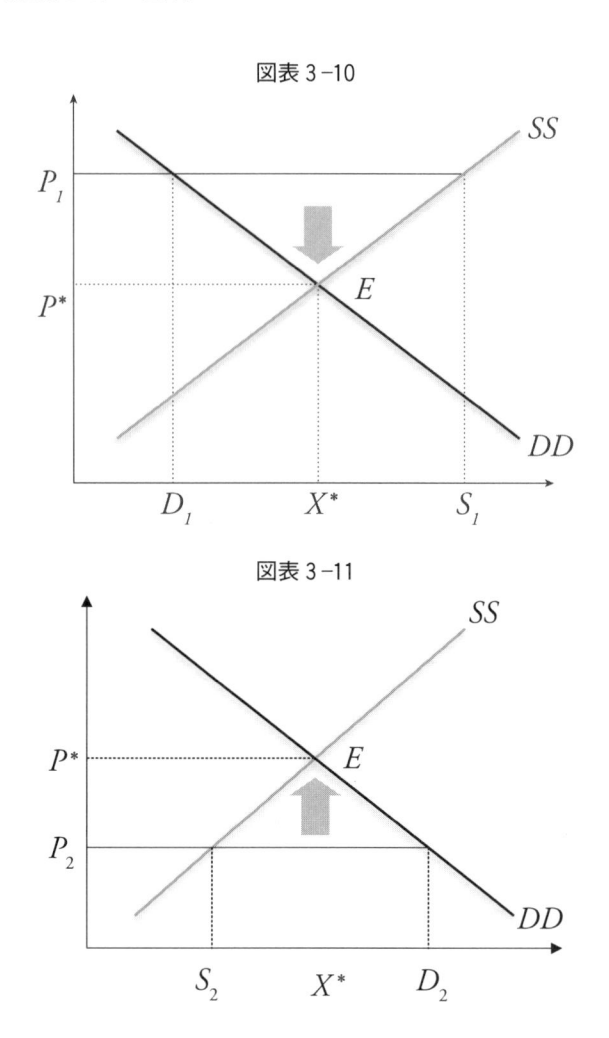

ら，今度は，需要量が供給量を上回っている（これを**超過需要**という）ので，必ず供給不足が起こる。このとき，市場では，現在の市場価格より高くても財を買いたいという人々が出てくるから，市場の価格に上昇圧力が掛かり，実際に価格は上昇していく。このプロセスも需要量が供給量を上回っている限り続く。つまり，市場での取引は，価格が市場均衡の価格より高い場合でも低い場

合でも市場均衡に近づいていくのがわかる。そして、その市場均衡では、**ちょうど需要量と供給量が一致している**のがわかる。つまり、市場均衡の価格の下で、需要側は、買いたいだけその財が買え、供給側も、売りたいだけ売れる状態であり、価格を変化させる要因はなくなり、したがって、この状態は安定し、変化しないのである。市場均衡での価格、需要量、供給量、取引量を、それぞれ**（市場）均衡価格、均衡需要量、均衡供給量、均衡取引量**と言う。（明らかに市場均衡では、需要量＝供給量＝取引量である。）

## ■3.4-2　比較静学

　前節では、経済分析する上で最も基本的な議論である市場均衡論を説明した。そこでは、財の需要量と供給量が一致するように市場の価格が自動的に調整され、市場は均衡状態に落ち着いて安定し、変化しないことを論じた。しかし、これは、需要と供給の状態が変わらないという前提条件が満たされる場合である。この節では、さらに議論を進めて、需要の状態、あるいは供給の状態が変わるときに、財の市場取引がどう変化するかについて議論する。

　前節の例について再び考えてみる。野菜の供給は天候などに左右されやすい、つまり供給の状態が変化しやすいと言える。このとき、市場での取引はどう変化するであろうか？　例えば、天候不良で野菜の供給がいつもより、不足している場合を分析してみよう。供給不足は、供給曲線が上にシフトすることで表すことができる。このとき、新しい供給曲線 $SS_1$ は、各価格で、通常よりも少ない供給量しか提供できないことを表している。図表3-12でそれが描かれている。他方、需要の状態は変わらない、つまり、需要曲線は変わらないとする。すると、市場の取引はどうなるかを図表3-12で見てみると、新しい供給曲線 $SS_1$ と需要曲線 $DD$ の交点が新しい市場均衡点 $E_1$ である。前節で議論したように、供給曲線が上方にシフトすると、今までの均衡価格 $P^*$ は、新しい市場均衡での価格 $P_1^*$ より低いから超過需要となり、価格は上昇し、最終的に新しい市場均衡の価格 $P_1^*$ に行き着いて安定する。すると、新しい市場均衡点 $E_1$ では、天候不良前のときより、野菜の価格は上昇し、取引量（＝需要量＝供給量）は少なくなっているのがわかる。

　逆に、野菜が通常よりも豊作だとすると、どうなるだろうか？　このとき、

図表 3-12

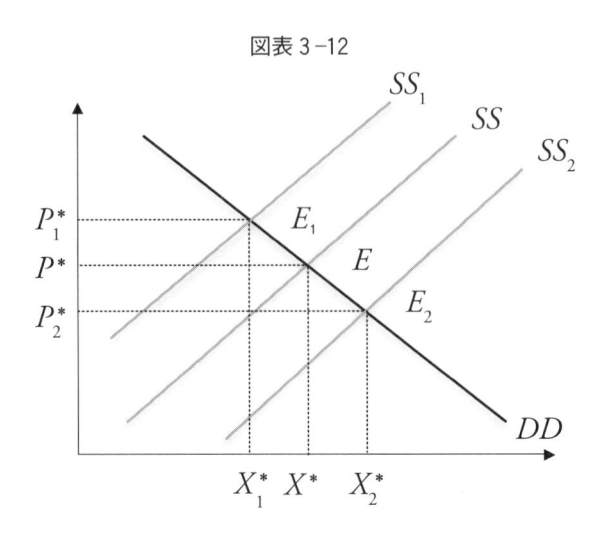

供給曲線は下方にシフトすることで野菜が豊作である場合を表すことができる。新しい供給曲線 $SS_2$ では，各価格で，通常よりも供給量が多いことがわかる。図表 3-12 でそれが確認できる。新しい供給曲線 $SS_2$ と需要曲線 $DD$ の交点は $E_2$ となり，これが新しい市場均衡点である。つまり，供給曲線が下方にシフトすると，今までの均衡価格 $P^*$ では，超過供給となり，価格に下落圧力が掛かり，最終的には新しい市場均衡の価格 $P_2^*$ に行き着き安定する。新しい市場均衡では，通常の場合と比べると，価格は下落し，取引量は増えているのがわかる。このように，変化前の均衡と変化後の均衡を比較することを「**比較静学**」ということがある。

今度は，需要の状態が変化する場合を議論する。上記の例のように，野菜の需要が減少した場合はどうなるだろうか？ これは需要曲線が下方にシフトすることで表すことができる。このとき，新しい需要曲線 $DD_1$ では，各価格で，通常よりも需要量が少ないことがわかる。それは図表 3-13 で確認できる。このとき，供給曲線が変わらないとするとどうなるかは，やはり図表 3-13 で見るとわかる。供給曲線 $SS$ と新しい需要曲線 $DD_1$ との交点 $E_1$ が新しい市場均衡であり，変化前の市場均衡点 $E$ と比べると，価格は下落し，取引量も減少しているのがわかる。逆に，野菜の需要が増加した場合はどうなるだろう

図表 3-13

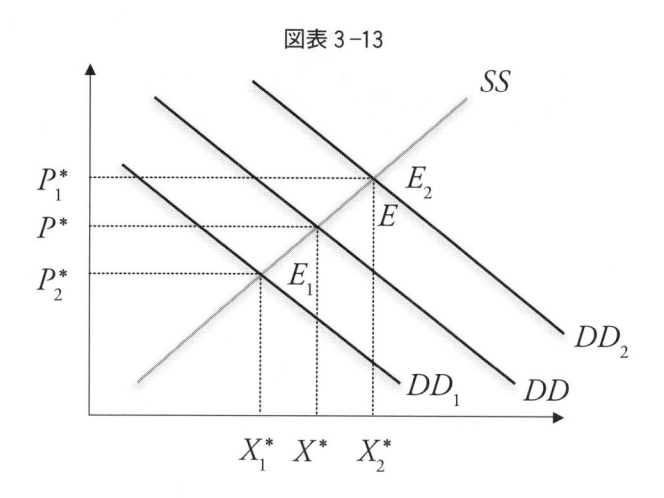

か？ これは需要曲線が上方にシフトすることで表すことができる。図表3-13からわかるように，新しい需要曲線 $DD_2$ では，各価格で，通常よりも需要量が多い。そして供給曲線 $SS$ と新しい需要曲線 $DD_2$ の交点 $E_2$ が新しい市場均衡であり，変化前の市場均衡点 $E$ と比べると，価格は上昇し，取引量も増えている。

上記の議論からわかるように，需要や供給の状態あるいは条件が変化するとそれに応じて需要曲線や供給曲線が変化し，それによって市場均衡も変化するのがわかる。経済学では，供給や需要の状態の変化がどう（財の）市場に影響を与えるのかを理解することが非常に重要である。

### 3.4-3 価格弾力性

最後に，需要曲線と供給曲線を特徴づける性質について，より詳しく議論をする。前節までの議論では，一般に，需要曲線は右下がりの曲線であり，供給曲線は右上がりの曲線であるということが需要・供給曲線の唯一の特徴として議論されていた。しかし，図表3-14を見ると，両方とも（右下がりの）需要曲線を描いているが，その形は大きく異なることがわかる。図表3-14では需要曲線 $DD_1$ は傾きが急で垂直に近い曲線として描かれている。それに対して，需要曲線 $DD_2$ は傾きが緩やかで水平に近い曲線として描かれている。こ

図表3-14

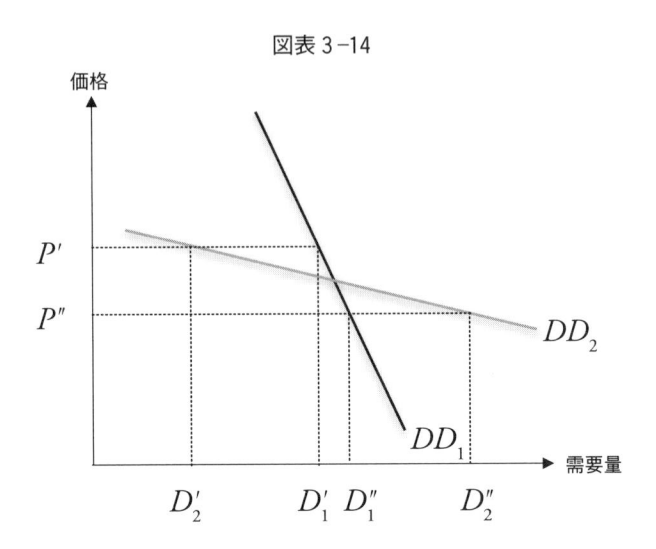

の二つの需要曲線ではどのような違いがあるのだろうか？需要曲線$DD_1$は傾きが非常に急だが、これは価格が変化しても需要量はあまり変化しないことを表している。実際、図表3-14で価格$P'$から価格$P''$に変化したとき、需要量は$D'_1$から$D''_1$に変化するがその変化量は非常に小さいのがわかる。これに対して、需要曲線$DD_2$は傾きが非常に緩やかだが、これは価格が変化したとき、需要量は非常に大きく変化することを表している。このことも図表3-14で確かめられる。価格$P'$から価格$P''$に変化したとき、需要量は$D'_2$から$D''_2$に変化するが、その変化量は非常に大きいのがわかる。供給曲線も同様で、傾きが急なときは価格が変化しても供給量はあまり変化せず、逆に傾きが緩やかなときは、価格が変化したとき、供給量は大きく変化する（図表3-15を参照）。

　上記の議論からわかるように、需要・供給曲線は傾きの違いによって経済的な性質も大きく異なる。この性質を数値として正確に表すのが**需要の価格弾力性**と**供給の価格弾力性**である。そして、需要及び供給の価格弾力性の一般的な考え方は非常に単純である。実際、需要（供給）の価格弾力性とは価格が1％変化したとき、需要量（供給量）が何％変化するのかを表している。例えば、価格が1％変化したとき、需要量（供給量）が5％変化するなら、需要（供給）の価格弾力性は5ということになる。したがって、需要の価格弾力性の値

図表 3-15

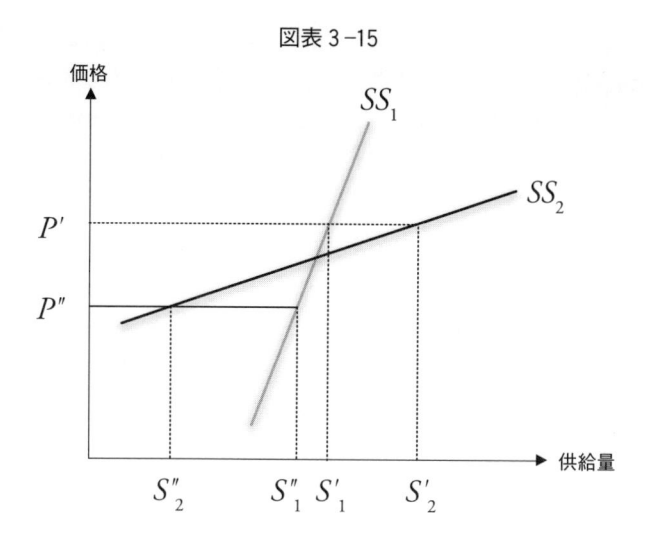

が大きいほど，価格の変化に対して需要量の変化が大きいから，需要曲線の傾きは緩やかということになる。特に，需要の価格弾力性が無限大のときは，需要曲線は水平になる。逆に，需要の価格弾力性の値が小さいほど，価格の変化に対して需要量の変化が小さいから，需要曲線の傾きは急であり，特に需要の価格弾力性が０のとき，需要曲線は垂直になる。供給の価格弾力性と供給曲線の傾きの関係も全く同様である。

● 補足：数学注

　需要及び供給の価格弾力性は数学を使って正確に定義することができる。実際，$P$ を価格，$D$ を価格 $P$ のときの需要量，$dP$ を（$P$ からの）価格の変化分，$dD$ をその価格変化による需要の変化分とすると，$dP/P$ は価格の変化率，$dD/D$ は需要量の変化率となるから，

$$\text{需要の価格弾力性} = -\frac{dD}{DdP/P} = -\frac{dD}{dP}\frac{P}{D}$$

として定義できる。この定義では，需要の変化率を価格の変化率で割っているので，上記で述べたように，価格１％の変化に対して需要量は何％変化したのかを表している。（マイナス記号は需要量と価格は反比例のため。）

同様にして、$S$ を価格 $P$ のときの供給量、$dS$ を価格変化による供給の変化分とすると、$dS/S$ は供給量の変化率となるから、供給量の変化率を価格の変化率で割れば、それが供給の価格弾力性である。実際、供給の価格弾力性は

供給の価格弾力性 $= \dfrac{dS}{SdP/P} = \dfrac{dS}{dP}\dfrac{P}{S}$

と定義できる。

●**弾力性と比較静学**

弾力性の違いは前節で議論した比較静学にも大きな影響を及ぼすことを議論する。まず図表3-16を見ると、需要曲線及び供給曲線の傾きが緩やかなことがわかる。つまり需要及び供給の価格弾力性は非常に大きい。このとき、例えば供給の状態が変化し、供給曲線が上方にシフトしたとする。このとき変化前の均衡点 $E$ と変化後の均衡点 $E_1$ を比較すると、変化後の均衡は変化前の均衡と比べて、価格は上昇し、取引量は減少している。これは前節でも示した通りだが、実は弾力性の違いから、もっと詳しいことがわかる。実際、図表3-16からわかるのは、価格は上昇しているが、それよりも取引量がより大きく下落しているということである。他方、図表3-17を見ると、需要曲線及び供給曲線の傾きが急である。つまり、需要及び供給の価格弾力性が非常に小さい。図

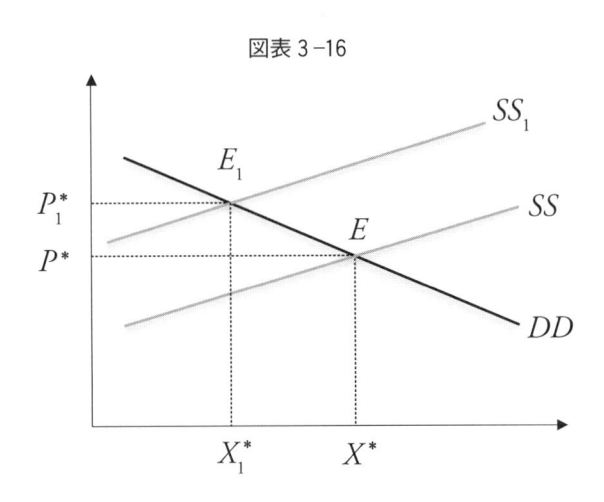

図表3-16

図表 3-17

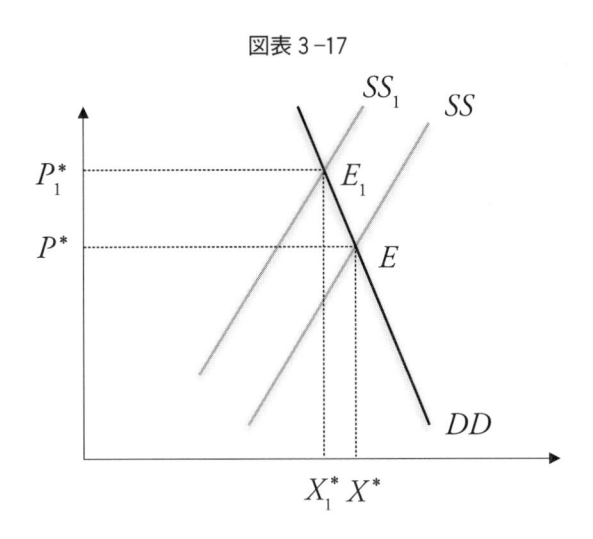

表3-16と同様に供給状態が変化し，供給曲線が上方にシフトしたとすると，変化後の均衡点 $E_1$ は変化前の均衡点 $E$ に比べて，やはり価格が上昇し，取引量は減少している。しかし，弾力性が大きいときとは違い，取引量の下落は小さく，価格の上昇のほうがより大きいのがわかる。これらの弾力性による特徴は，供給曲線が下方にシフトした場合でも同じである。つまり，供給状態が変化すると，弾力性が大きいときは価格の変化より取引量の変化のほうがより大きいことがわかり，一方，弾力性が小さいときは，取引量の変化より価格の変化のほうがより大きいことがわかる。需要状態が変化したときでも，全く同様の結論が得られる。

　財市場の需要曲線と供給曲線の特徴を知っていることは，特に経済政策を考えるときに重要となる。例えば，間接税を課税することは，供給状態を変化させる，具体的には供給曲線を上方にシフトさせることになる。また，ある財を買うことに対する政府補助（たとえば，エコ商品を促進させるための政府補助）の場合は，需要の状態を変化させる，この場合は需要曲線を上方にシフトさせることになる。これらの経済政策を実行するとき，政府が需要曲線と供給曲線を知っていれば，政策の市場取引に対する影響を理解することができ，政策を導入すべきかどうかを判断するための重要な情報となる。

## Coffee Break
## 経済学の歴史

　現代の経済学の父はアダム・スミス（1723〜1790）だと言われている。彼の有名な著作「国富論」で，彼は経済における市場の自由競争の重要性や近代的な分業生産の重要性などを論じた。「個人の利己的な利益追求が社会的な利益にもつながる」とも述べている。そして，リカード，ミル，マルサスなどがアダム・スミスの考えをさらに発展させた。特に，デヴィッド・リカード（1772〜1823）は，「経済学及び課税の原理」においてモデル分析を経済学にも導入し，諸国の間の自由な国際貿易が相互利益になることを論じた。ここまでの経済学を"古典派"と称して分類するのが一般的である。

　それに対して，ワルラス，ジェボンズ，メンガーがいわゆる"限界革命"と言われる新しい考えを基礎として経済学を発展させた。この経済学は"新古典派"と言われる。リカードなどの古典派経済学では経済活動が生み出す価値の源泉は労働であるとして"労働価値説"を唱えたが，これに対して，新古典派経済学は，各消費者が持つ（限界）効用（簡単に言うと，財を消費するときに発生する快感・満足度）が経済活動における価値を決定すると主張した。現在のミクロ経済学の基本的な部分は，この新古典派経済学の考えを基礎としている。特に，レオン・ワルラス（1834〜1910）とアルフレッド・マーシャル（1842〜1924）の影響は非常に大きく，この二人の理論を発展させたものの混合がミクロ経済学の基本となっている。ワルラスはいわゆる「一般均衡論」を議論した。一般均衡論とは，複数の市場で同時に均衡をもたらす価格体系を研究する理論である。この理論は，第2次大戦後，ケネス・アロー（1921〜），ジェラール・ドブリュー（1921〜2004）などの経済学者たちによって，非常に一般的な理論として確立した。（二人とも，後年ノーベル経済学賞を受賞している。）一方，マーシャルは，「経済学原理」において新古典派の視点から様々な経済現象を分析し，さらにケンブリッジ大学で多くの優秀な研究者も育てた。（最も有名な経済学者ジョン・メイナード・ケインズ（1883〜1946）もその一人である。）

## 3.5 市場の効率性と失敗

　本節では，市場取引から得られる消費者と生産者の便益を考える。便益とは，人が得る利益や満足度，幸せなどを指し，金銭的な利益のほかに精神的な利益を含むものである。取引の望ましい状態とは，生産者と消費者全員の便益の合計が最大になっている状態である。取引がこの状態のとき，取引は**効率的**であると呼ばれる。ところが，取引を生産者と消費者の自主的な活動に任せておくと，取引が効率的にならない場合がある。この場合，**市場の失敗**と呼ばれる。本節では，まず，消費者と生産者の便益を紹介し，市場の効率性について学んだ後，市場の失敗の例とその対処法を紹介する。

### ■3.5-1　消費者余剰

　市場取引から得られる消費者の便益を考えよう。例えば，主演女優のサイン入り限定枚数のDVDのオークションで，健史は1枚5000円まで，陽子は1枚4000円まで，彰は1枚3000円まで支払ってもよいと思っている。これら支払ってもよい最高額を**支払許容額**と呼ぶ。DVDが1枚4500円のとき，DVDを買うのは健史ひとりである。このとき，健史は払ってもよいと思っていた額よりも500円安く買う（500円＝5000円－4500円）ため，500円得をする。これが，健史の**余剰**である。DVDの価格が3500円のとき，健史と陽子が買う。健史の余剰は増えて，1500円になり（1500円＝5000円－3500円），陽子の余剰は500円（＝4000円－3500円）である。このときの消費者余剰は，健史と陽子の余剰の合計2000円である。すなわち，消費者余剰は，支払許容額から価格を引いたものである。DVDが5000円の時DVDの需要量は健史の1枚，4000円の時需要量は健史と陽子の2枚，3000円の時需要量は健史と陽子と彰の3枚である。このように，支払許容額は需要量を表しており，図表3-18が示すように，価格が$P_1$のときの消費者余剰は，需要曲線と価格$P_1$を表す直線で囲まれた△ABCで表わされる。価格が$P_2$へ下がると，消費者余剰は△ABCから△ADEへと増加する。消費者余剰は，消費者が取引から得られる便益を表している。

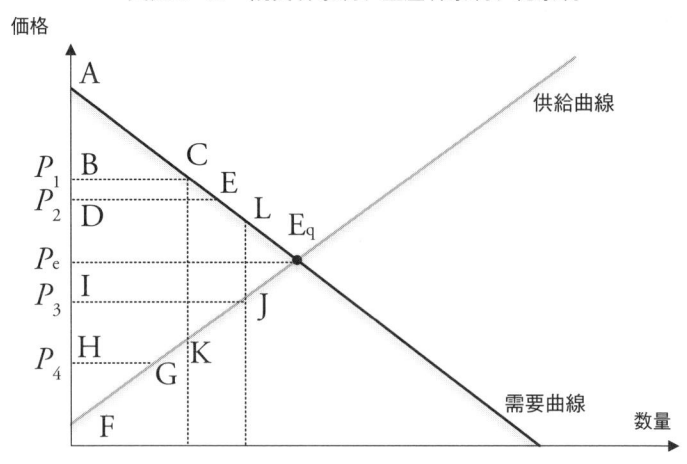

図表3-18 消費者余剰、生産者余剰、総余剰

## ■3.5-2 生産者余剰

　前述のDVDオークションの例で，智，美空が売り手である場合を考える。智は1000円以上，美空は2000円以上で売りたいと考えている。DVDの価格が1500円のとき，DVDの売り手は智だけで，彼は希望販売価格1000円を上回る500円（1500円－1000円）の便益を得る。これを**生産者余剰**と呼ぶ。DVDの価格が2500円のとき，DVDの売り手は智と美空で，智の生産者余剰は1500円（2500円－1000円）に増え，美空の生産者余剰は500円（2500円－2000円）である。DVDの価格が2500円のときの生産者余剰は，智と美空の生産者余剰の合計で2000円となる。

　供給曲線はDVDの希望販売価格とその価格での供給量を示しており，図表3-18が示すように，価格が$P_4$のときの生産者余剰は，供給曲線と価格$P_4$とで囲まれる△FHGで表わされる。価格が$P_3$へあがると，生産者余剰は△FHGから△FIJへと増加する。生産者余剰は，生産者が取引から得られる便益を表している。

■3.5-3 市場の効率性

　社会全体の幸せを考えるための指標に，経済的福祉がある。社会のみんなの経済的福祉が最大になっている状態が望ましい状態である。経済的福祉の計測方法の1つが，生産者余剰と消費者余剰の合計，**総余剰**を計測することである。市場でのある取引が，総余剰を最大にしているとき，その取引は**効率的**であると呼ばれる。前述のDVDオークションの例でDVDが1枚しか取引されないとき，2000円以上で売りたい美空が売るよりも，1000円以上で売りたい智が売った方が，生産者余剰が大きい。逆に，最も高い支払許容額の健史が買う場合に消費者余剰は最も大きい。このように，最も安く提供する生産者が供給し，最も高い価格をつける消費者が買い手となる方が，総余剰が増加する。

　総余剰が最大になるのは，どのような取引であろうか。図表3-18で価格が$P_1$のとき総余剰は，消費者余剰△ABCと生産者余剰□FBCKの合計□AFKCである。価格が均衡価格$P_e$のとき，総余剰は△$AFE_q$で□AFKCよりも大きく，最大である。価格が$P_e$より下がり$P_3$になると，総余剰は△FIJと□IALJの合計となり，△$AFE_q$よりも小さくなる。以上から，総余剰が最大になるのは，市場均衡の場合である。自由な市場にまかせておけば，市場の取引は均衡状態になり，そのとき，市場は効率的な状態である。

■3.5-4 市場の失敗

　市場の均衡状態が，効率的であることを前述した。すなわち，市場の機能にまかせておけば，社会全体の厚生が最も大きくなるように，市場での取引量と価格が決定される。しかし，「市場にまかせておくこと」が，常に効率的な結果をもたらすとは限らない。このときの状況をさし，**市場の失敗**と呼ぶ。

　これまで市場の均衡状態を考えるとき，我々は暗黙の前提をおいてきた。これらの前提が満たされないとき，市場の失敗の可能性が生ずる。これらの前提のうち，ここでは2つを取り上げる。ひとつは**完全競争**の前提であり，もうひとつが市場取引に関わらない人に対し，その市場取引は影響しないという前提である。

　まず，完全競争とは，多数の生産者と多数の消費者がいて，互いが競争して

## 第3章 市場経済とミクロ経済学

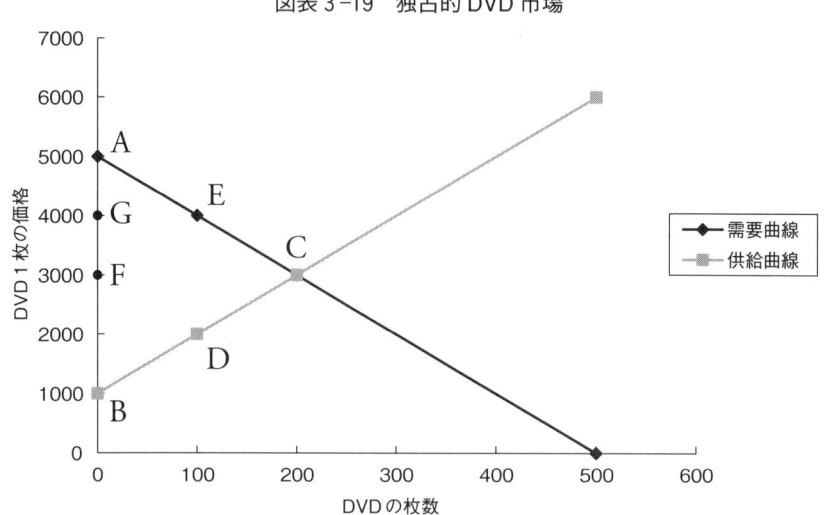

図表3-19 独占的DVD市場

いる状態をさす（86頁のコーヒーブレイク参照）。この前提が満たされず，市場の失敗の可能性が生ずるのは，市場で，1人（もしくは少数）の生産者または消費者が市場の価格を左右する力を持っているときである。この市場価格を左右する力のことを**市場支配力**と呼ぶ。1人の生産者または消費者が市場支配力を持っている状態を**独占**，少数の生産者または消費者が市場支配力を持っている状態を**寡占**と呼ぶ。

例えば，DVDメーカーがQ社だけの独占的なDVD市場を考えよう。市場の需要曲線，供給曲線は，図表3-19で表わされるとする。市場のDVD供給量は，Q社の供給量である。市場均衡は，価格3000円，200枚のときである。このとき，余剰の総量は図表3-19の△ABCの面積である。

Q社がDVDの供給量を100枚に減らすと，需要曲線から，その100枚は4000円で取引される。このときの余剰の総量は，図表3-19の□ABDEの面積である。□ABDEの面積は△ABCの面積より小さく，社会全体の余剰は市場均衡の場合により大きい。Q社の余剰は，市場均衡の場合に△FBC（20万），供給量100の場合に□GBDE（25万）である。Q社は，市場支配力を使い価格を4000円にして自身の余剰を大きくできるため，価格を吊り上げる動機をもつ。この

とき，社会全体の余剰は市場均衡の場合より小さい。このように，独占状態では，市場支配力を持つ者が自身の余剰を大きくするために，市場での取引が，総余剰が最大である均衡点よりはずれることがある。これが，市場の失敗の一例である。

　もう一つの例は，市場取引に関わらない人に対し，その市場取引は影響しないという前提が満たされない場合に生ずる可能性がある。例えば，DVDの製造で，ある有害な化学物質が生ずると仮定する。DVDの工場が有害な化学物質を流出させたとすると，その環境汚染は周囲のすべての人に影響を与える。DVDプレーヤーを持っておらずDVDを購入しない人にも影響する。このように，市場取引に関係しない人にも悪い影響を与えることを，**負の外部性**と呼ぶ。逆に，市場取引に関係しない人に良い影響を与えることを，**正の外部性**と呼ぶ。正の外部性の有名な例に，教育がある。より高い教育を受ける人が増えると，社会全体のことを理解し考えて行動できる人が増えるので社会全体が良くなり，高い教育を受けてない人（つまり，教育というサービスの取引をしていない人）も恩恵を被る。

　本節では，新聞等でもしばしば話題になる環境問題を取り上げて，負の外部性について説明する。工場から排出される環境汚染物質は，社会に費用をもたらす。例えば，DVD工場から排出される環境汚染物質で周囲の川や空気が汚されたと仮定すると，人々の健康が害されるかもしれない。健康被害は，治療のためのお金や苦痛という費用をもたらす。それ以外にも，川の汚れは悪臭や美観を損なうという費用をもたらす。

　これまでに学んだ供給曲線は，生産者の費用を表すものであった。なぜなら，生産者は生産にかかった費用以上の価格で売りたいと思う。売りたい価格の最低価格が供給曲線となるからである。いいかえれば，供給曲線は，私的費用を表すものといえる。ここで，環境汚染物質の排出という社会的費用を加えた供給曲線を考えよう。すべての供給量で，社会費用分価格が上昇し，供給曲線が左にシフトする。これは，図表3-20に掲げられている。社会的費用を考えた供給曲線と需要曲線が交わる点は，私的費用の供給曲線の場合の均衡点よりも左側になる。DVD生産者が自発的に選択する供給量$x_1$は，社会全体にとって望ましい供給量よりも多い。供給量$x_1$の状態は，消費者にとってのDVD

図表3-20　環境汚染と市場

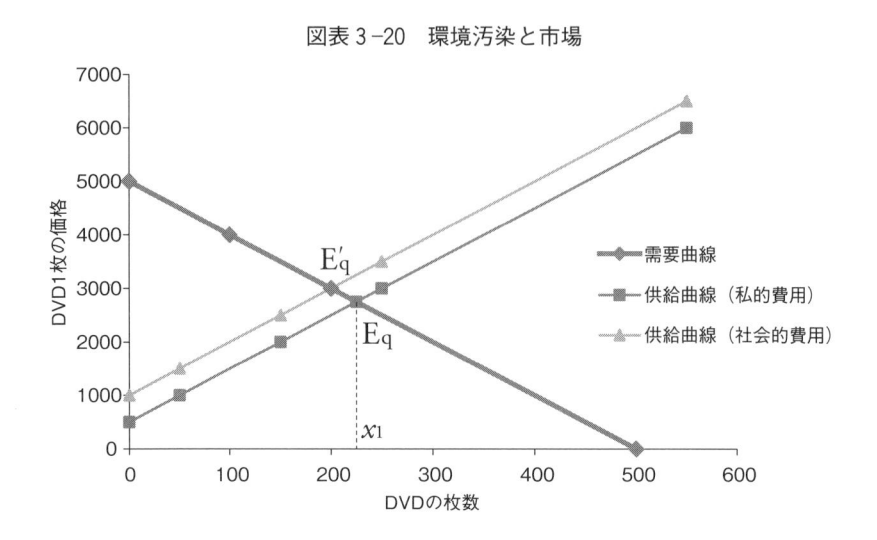

の価値（需要曲線で表わされる）が，消費者にとってのDVDの費用（社会的費用を含めた供給曲線）を下回り，消費者にとって望ましい状態ではない。これが，負の外部性による市場の失敗の例である。

### 3.5-5　市場の失敗の解決方法

市場の失敗によって，市場に任せておくと効率的な状態を実現できないことを前述した。市場の失敗を解消するには，当事者同士で話し合って解決する方法や政府が対応する方法が考えられる。これらふたつの方法について以下に述べる。

**当事者同士の解決方法**

隣家でのピアノの練習の音がうるさいというのは，負の外部性の例のひとつである。マンションであれば，管理組合などの主導により，練習してもよい時間を昼間に限定するなどのルールを作って対応することができる。しかし，戸建ての場合，当事者同士で冷静な話し合いができるだろうか。佐藤さんが，隣家の鈴木さんのピアノの騒音に苦痛を感じていたとする。佐藤さんがこの苦痛

をなくすために，10万円払っても良いと考えていたとする。鈴木さんは，同好会の演奏会のため練習をやめるわけにはいかず，防音のリフォームをするには，80万円の経費がかかるとする。このような状況では，合意に達するのは極めて困難であろう。更に，騒音に苦痛を感じている人が佐藤さんだけでなく，他にも近隣の3人がいたとすると，佐藤さんを含めた4名が合意し，共通の条件で鈴木さんと交渉するには，多くの手数がかかり，合意に達することが難しくなる。このような，利害関係のある当事者同士が，合意に達したり，交渉したりする上でかかる費用を**取引費用**と呼ぶ。

**政府による解決方法**

前述ように，当事者同士の解決には，さまざまな障害が考えられ，解決できるかどうかも不確実である。解決を民間の当事者が行うのでなく，民間より強い権限をもつ政府が，解決を図るやり方がある。政府のやり方の代表的なものに，法律で規制する方法と税金・補助による方法がある。

**規　制**

当事者同士の解決法で，マンションの管理組合がピアノの音に関するルールを作って解決する例を示した。マンションの管理組合のルールを，多くの人は守るだろうが，例えばルールよりも10分長くピアノの練習をしたとしても，厳しい罰則があるわけではない。政府の規制は，このようなルールよりもはるかに強い強制力を持っている。政府の規制は強い強制力をもっているからこそ，社会が被る利益と被害の両者を慎重に比べなければならない。例えば環境問題を例に考えてみよう。環境が守られることは素晴らしいことである。しかし，環境に影響を与えずに工場を操業することはほとんど不可能である。生産活動をすれば，これまで環境になかったものが排出されることは避けられないことである。便利で快適な生活のためには，環境への影響をある程度は容認せざるを得ない。ここでいう「ある程度」をどのように解釈するかは，社会や時代によって異なる。すでに豊かな生活を送る先進諸国では，厳しい環境基準を工場に課すであろう。また，豊かな生活を目指す発展途上国では，環境よりも経済発展を優先するだろう。環境が損なわれることによる社会的被害と，それによ

って社会が得る利益とを正確に知ることは非常に困難であり，そのために必要な情報を政策立案者が完全に掌握することは極めて難しい。

**税と補助**

　工場が環境汚染物質を排出している例を考えよう。図表3-20でみたように，環境汚染物質によって，環境汚染や健康被害などの社会的費用が生ずる。生産者は，社会的費用を考えずに，供給量を決める。そのため，市場が決定する均衡点$E_q$は，社会的費用を考慮する場合よりも，より供給量が多い点になる。生産者が社会的費用を考慮するように，社会的費用分の税金を生産者に課するとする。この場合，生産者は税を払わなくてはならないので，税金分を費用に上乗せして供給を考える。生産者の供給曲線は税金が上乗せされて，図表3-20の供給曲線（私的費用）から供給曲線（社会的費用）へ，左へシフトする。新しい均衡点$E'_q$は，社会的費用を考慮した効率的なものとなる。このように，生産者が自発的に社会的費用を考慮するようにすることを，**外部性の内部化**と呼ぶ。

　政府は，税を活用することで，生産者に社会的費用を考慮したうえで供給量を決定させることを通じ，負の外部性による影響を矯正することができる。このような負の外部性の影響を矯正するための課税は，**ピグー税**と呼ばれている。

　次に，教育のように正の外部性が存在する場合を考えよう。教育の需要曲線とは，教育のある価格で消費者がどのくらい教育を欲しいと思うかを示した曲線である。いいかえれば，ある教育の量に対して，消費者が払ってもよいと考えている額であり，消費者にとっての教育の私的価値である。教育には，良識のある人を増加させ，社会を良くする正の外部性がある。この教育の社会的価値を私的価値に加えると，教育の価値（価格であらわされている）はすべての教育量で上昇し，教育の需要曲線は右へシフトする。図表3-21での需要曲線（私的価値）が需要曲線（社会的価値）へとシフトする。市場に任せておくと，需要曲線（私的価値）と供給量で決定され，取引される教育量は$E_1$である。教育の社会的価値を考えた場合，最も効率的な教育量は$E_2$である。つまり，市場に任せておくと，取引される教育量は，最適な量（$E_2$）よりも少な

図表3-21　正の外部性と補助

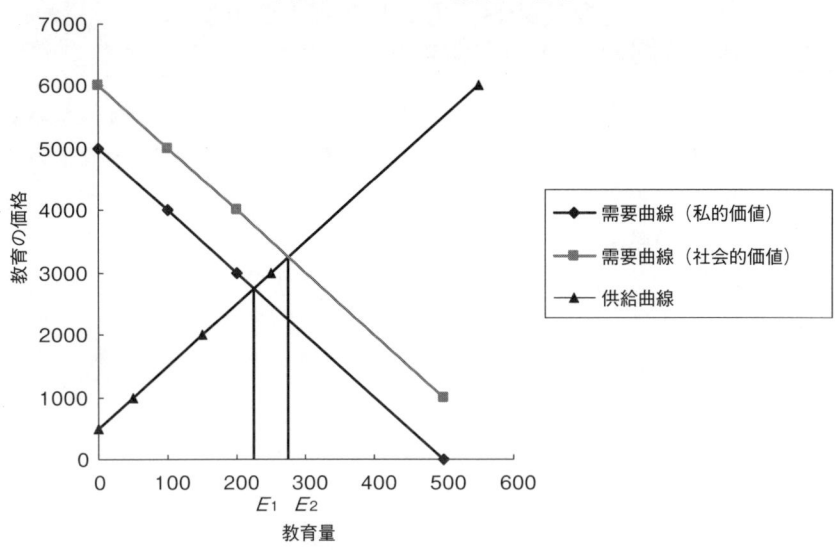

くなる。このとき，社会的価値分補助をすると，消費者はより高い価格の教育を購入することが可能になり，消費者の需要曲線（私的価値）が右へシフトし，需要曲線（社会的価値）と一致する。2つの需要曲線が一致することにより，最適な量の教育が取引されることになる。

　以上のように，負の外部性が生じている際には取引量が最適な量よりも多くなり，正の外部性が生じている際には取引量が最適な量よりも少なくなる。これらを矯正するため，負の外部性が生じている際には生産者に社会的費用分の税を課し，正の外部性が生じている際には消費者に補助金を渡して，市場を効率的な状態へ導く方法がある。

☕ コーヒーブレイク

## *Coffee Break* コンビニエンスストアのアルバイトの時給は，なぜ夜間の方が高いのか？

　コンビニエンスストアのアルバイト募集をみたことがあるだろうか。たいていの場合，昼間の時給よりも，夜間の時給の方が高い。なぜこのような違いが生まれるのか，この章で学んだことを使って考えることができる。

　アルバイトの時給は，1時間分の労働力の価格である。労働力が取引される市場は，労働市場と呼ばれ，供給者は家計であり，需要者は生産者である。コンビニエンスストアのアルバイトをしようと思う人（家計；供給者）は多数存在する。彼らは多数存在し，仕事をめぐって競争するので，彼らのうちの1人が，時給の水準を決めることはできない。相場より高い時給を望んで採用を拒めば，相場の時給を受け入れる別の人が採用されるからである。一方，コンビニエンスストア（生産者：需要者）も多数存在し，労働者をめぐって競争するので，あるコンビニエンスストア1店舗が，時給の水準を決めることはできない。相場より低い時給を提示すれば，応募者は相場の時給を提示する別のコンビニエンスストアへ応募するからである。このような労働市場は**完全競争的**と呼ばれ，市場の価格を左右する力を家計も生産者ももつことはできない。完全競争的な労働市場では，時給すなわち労働力の価格は，供給量と需要量が一致するように決定される。

　ここで，昼間と夜間のコンビニエンスストアのアルバイトへの供給量と需要量を比べてみよう。昼間よりも，夜間の供給量の方が少ないであろう。なぜなら，夜間は自宅外で働くことができない人がいるからである。例えば，小さな子どもがいる母親は，子供が幼稚園や小学校へ行っている昼間には働きたいが，夜間には働きたくないと思う人が多いだろう。一方，その需要量は，昼間と夜間で大きく異なるとは考えにくい。昼間よりも夜間の来客数が少ないならば，来客の多い昼間にはやりにくい在庫や棚の整理などの別の仕事があるだろう。以上から，賃金水準によらず昼間よりも夜間の供給量が減り，夜間では供給曲線は左にシフトする。昼間よりも夜間の均衡点は，より左側，つまりより賃金水準の高い所にある。つまり，より少ない労働力の供給量をめぐってコンビニエンスストアが競争し，時給が高くなるといえる。

## 3.6 ゲーム理論

### ■3.6-1 ゲーム理論とは？

**なぜゲーム理論は生まれたのか？**

　今まで，需要と供給の理論を基本として経済取引の議論を進めてきたが，実は，その議論は財市場に参加する人々，つまり財を需要する人々と供給する人々が十分に多くいることを暗黙の前提としている。なぜかというと，需要と供給の理論では，財市場に参加している一人一人は市場価格に影響を及ぼせないと仮定しているが，その仮定を満たす典型的な状況は財市場に参加している人々が多いときだからである。実際，非常に多くの人々が財市場に参加すると市場全体に比べると参加者一人一人は非常に小さいので市場に影響を与えることができない。例えば，日本全体の野菜の市場を考えるとたった1人の消費者が行動を変えても野菜の市場全体には何の影響も与えない。(実際，読者の皆さんも，自分ひとりが野菜の消費量を変えたら日本の野菜市場の値段が変わるとは思ったことはないだろう。) したがって，この前提の下で，市場価格は市場に参加している需要者や供給者にとっては，コントロールできない経済変数となり，そして市場全体の需要量と供給量のみが価格を変化させるという結論が出てくる。

　しかし，このような市場取引あるいは経済取引がすべてではない。例えば，芸術家の手作りの絵画などの美術品は普通その一点のみが存在する（複製は別物と考える）。すると，この場合，供給量は1単位だけである。しかも，美術品に興味を持ちかつ購入できる人も多くはない。したがって，普通「オークション」と呼ばれる売り買いの取引法が使われている訳だが，これは上記の美術品（1単位）を需要したい人たちがそのオークションに参加し，参加者一人一人が払ってもよいと思う価格をオークションに参加している全ての人にアナウンスし，最終的に一番高い価格を提示した参加者が落札するのが基本である。美術品のオークションでは，他の参加者がアナウンスした価格を見てそれより高い価格で落札したいなら，その高い価格を再度アナウンスできるのが普

通である。すると，参加者のアナウンスがなくなるまで価格は上昇し，アナウンスがなくなった時点での最高値でその美術品は落札される。この場合，お互いが，他の参加者がどんな価格をアナウンスするのかを見ながら自分はいくらの価格をアナウンスするべきかを決めるので，アナウンスの駆け引きの仕方によっては（落札価格などの）結果が違ってくる可能性が出てくる。（このようなオークションの駆け引きは映画でのワン・シーンとしてよく出てくる。）このようなオークションの取引は今までの需要と供給の理論の範疇ではないのは明らかである。さらに，会社とその会社の労働組合の労働・賃金交渉も経済取引と考えられるが，これは会社と労働組合の一対一取引であるのは明らかである。実際，（会社員ほぼ全員が労働組合に入っているとすると，）労働組合が提供する労働力を需要するのはその会社だけであり，その会社に労働力を供給するのは労働組合だけである。そして，会社と労働組合の代表が交渉でいろいろな駆け引きを行いながら，自分たちに有利な条件で取引を合意しようとする。（このような交渉もドラマのワン・シーンとしてよく出てくる。）これも今までの需要と供給の理論が想定している経済取引ではないのは明らかである。

　上記の例のように伝統的な需要と供給の理論では分析できない，あるいは分析が不十分である重要な経済現象は非常に多い。したがって，これらの重要な経済現象を分析できる一般的な方法が長年求められてきた。ゲーム理論はこのような経済現象を理論的に分析する数学的な手法として考え出されたものである。そして社会科学のために初めて誕生した数学理論でもある。こう書くと多くの読者，特に数学が苦手な人は躊躇するかもしれないが，これから説明するゲーム理論を理解するために必要な数学の知識はせいぜい数の大小がわかればよいから，小学校低学年レベルの算数で十分である。読者の皆さんは日常の生活で（例えば100万円は50万円より大きいというように）お金が多い・少ないという数の大小比較を無意識のうちにやっているのだから，理解できるはずである。

### 「戦略的」とは？

　ゲーム理論では，「戦略」，あるいは「戦略的」という言葉が頻繁に出てくる。そして，ゲーム理論あるいはその応用がマスコミを通じて一般社会に紹介

され始め，知識人層にかなり浸透してきたせいか，「戦略」，「戦略的」という言葉が政治や経済の指導者や専門家にもよく使われ始めている。先日もテレビを見ていたら，新しい内閣では「国家戦略局」という部署を新設し，そこで政策立案を集中させるのだそうだ。さらに，東京都知事も，都議会演説で「…を実現するため戦略的政策を実行し，…」と話していたのを聞いて，「戦略」や「戦略的」という言葉が今や流行語になった感がある。

　では，ゲーム理論のいう「戦略的」というのはどういうものだろうか？ゲーム理論が社会科学のための初めての数学理論であると述べたが，社会という組織は，複数人の人間から構成されていることと大いに関係がある。例えば，読者の皆さんは1人で部屋にいるときと他の誰かがいたときとでは，行動が全く違うのを何回も経験しているはずである。さらに，1人のときは自分のことさえ考えていればよくて，問題が発生しても自分が満足する形で解決しようとするし，解決も比較的容易である。しかし，複数人の人たちが問題に関わっているときは，解決するのは容易ではない。関わっている人全てが納得する形で問題を解決する方法を考えなければ，問題は未解決のまま残る可能性がある。このように自分の行動が相手の目的・利害に影響を与える，逆も又成り立つという状況を一般的に分析しようというのがゲーム理論である。ゲーム理論という名前も，正にゲームが「自分の行動が相手の目的・利害に重要な影響を与える，逆も又成り立つという状況での勝負」ということから由来する。さらに，経済にしろ，政治にしろ，およそ全ての社会活動は複数の人々が関わっていて一人一人が自分の目的・利害に従って行動し，その行動が他の人の目的・利害にも影響を与えているから，社会活動一つ一つはある種のゲームと考えることができる。そして，「**戦略的行動**」という言葉には確定した定義はないが，ここではとりあえず，次にように定める。上記のような相互依存の状況下で，自分の行動が相手の目的・利害にどのような影響を与え，それによって相手の行動がどう変化するのかということを予測・認識し，さらに相手の行動が自分の目的・利害にどのような影響を与えるのかを考えながら，自分の行動を決めることを「戦略的行動」という。このような戦略的行動は，人々は無意識の内に実行していることが多い。上記の例でも，会社と労働組合の交渉ではいろいろな駆け引きをするのが普通であると書いたが，この駆け引きこそが戦略的行動

(の一部)と考えることができる。労働組合が会社側にわざと法外な賃金要求をしたりすることがあるが，それは法外な賃金を実現させるためではなく，(それより低いが)十分な高賃金を引き出すための1つの戦略的行動と考えられる。また，会社側もこれまでの高賃金では会社員を多数解雇せざるを得ないと労働組合に通知したりすることがあるが，これも会社側は本気で解雇することを狙っているというよりは労働組合から有利な賃金設定を引き出すための一つの戦略的行動と考えられる。

**ナッシュ均衡**

最後に，ゲームに参加している人々が，戦略的な行動を取ることで，自分に有利な状況を生み出そうとお互いが活動しているとき，最終的にどのような状態が出現し，その状態で安定するのかというのは，ゲーム理論において最初に出てくる最も基本的な問題である。それに対して，とても単純だが強力な答えを出したのがジョン・F・ナッシュ（1928～）である。実際，需要と供給の理論では市場均衡という状態が最初に焦点を当てるべき最も基本的な経済状態であると論じたが，ゲーム理論でそれにあたるのが**ナッシュ均衡**である。これから，この概念を理解することを目標にゲーム理論の初歩を説明する。

## ■3.6-2　ゲームの3つの基本要素

最初にゲーム理論における「ゲーム」とは何かということを定義する。ゲームと言えば，まず参加するプレーヤーたちが誰なのかを決めないと始まらない。以下では，最も単純なケースである参加するプレーヤーは2人だけの場合のみを考えるが，プレーヤーが何人でも基本的な議論は変わらない。今，ゲームに参加する2人のプレーヤーたちを，プレーヤー1，プレーヤー2とそれぞれ呼ぶ。次に，各プレーヤーがどんな**戦略**を持っているのかということを決めなくてならない。例えば，プレーヤー1は3つの戦略を持っている一方で，プレーヤー2は5つの戦略を持っているかもしれない。各プレーヤーの戦略の集まりをそのプレーヤーの**戦略集合**という。ゲームにおいて，各プレーヤーは自分の戦略集合の中から1つの戦略を選ぶというのが彼の役割である。

最後に，各プレーヤーが自分の戦略集合の中から1つの戦略を選んだとする

と，それに対応する各プレーヤーの**利得**を決めなくてはならない。利得は数字で表わされ，各プレーヤーは，自分の利得がなるべく大きくなるように戦略を選ぶ。例えば，プレーヤーが企業ならば，利得は単純に企業の利潤と考えることもできるし，プレーヤーが消費者ならば，利得は商品を消費することでそのプレーヤーが得られる満足度・快感度と考えることもできる。各プレーヤーの利得は，（プレーヤー全員の）戦略の組ごとに定められるから，プレーヤーの利得は戦略の組に依存している。これは上記で述べたゲームの特徴である「各プレーヤーの利得は自分の戦略だけでなく他のプレーヤーの戦略にも依存していること」を反映している。ゲーム理論ではプレーヤーの目的・利害はそのプレーヤーの利得で代表されるので，プレーヤーの目的・利害が（自分の戦略だけでなく）他のプレーヤーの戦略に影響を受けるということは，プレーヤーの利得が（自分の戦略だけでなく）他のプレーヤーの戦略に依存していることで表わされる。ゲーム理論では，ゲームを定めるとは，「参加するプレーヤー」，「プレーヤーの戦略（集合）」，そして「プレーヤーの利得」という３つの基本要素を定めることである。そして，このゲームのことを**戦略形ゲーム**（**strategic form game**）あるいは**標準形ゲーム**（**normal form game**）という。

　今まで述べたゲームの３つの基本要素は，例を見るとより良く理解できるので図表３-22の例を使って復習する。図表３-22は**ゲーム行列**と呼ばれるもので，プレーヤーが２人の場合の（戦略形）ゲームはどんなものでもゲーム行列で過不足なく表現できる。つまり，上記の３つの基本要素をゲーム行列は分かりやすい形で表わすことができる。したがって，２人ゲームを設定するときは，ゲーム行列を書いて定めるのが便利である。早速，図表３-22を使ってゲーム行列を説明する。まず，プレーヤー１の戦略がU，M，Dの３つで，プレーヤー２の戦略はL，Rの２つであるとすると，図表３-22のように，行３つ，列２つの行列を作る。つまり，各行はプレーヤー１の戦略を表わしている。（上の行はU，真ん中の行はM，下の行はDである。）同様に，各列はプレーヤー２の戦略を表わしている。（右の列はR，左の列はLである。）

　利得に関して説明すると，例えばプレーヤー１と２が戦略の組（U，L）を選ぶとき，これは，ゲーム行列では上の行と左の列が選ばれていることに対応しているから，その行と列がクロスする左上のマスが（U，L）に対応してい

ると考える。そして，そのマスの中に（U，L）を選んだときのプレーヤーたちの利得を記入するのである。このとき，**左にプレーヤー1の利得，右にプレーヤー2の利得を記入するのが慣習**である。実際，図表3-22のゲーム行列において，対応する（左上の）マスの中に（U，L）を選んだときのプレーヤー1の利得2が左に，プレーヤー2の利得4が右にそれぞれ記入してある。このようにゲーム行列では，戦略の各組に対応するプレーヤーたちの利得はその戦略の組に対応するマスの中に記入してある。図表3-22のゲーム行列においては，（M，R）に対応するのは真ん中右のマスだから，その中に（M，R）を選んだときのプレーヤー1の利得1が左に，そしてプレーヤー2の利得2が右にそれぞれ記入してある。同様にして，他のマスにも，対応する戦略の組が選ばれたときのプレーヤー1と2の利得が記入されていて，それらを具体的に書くと，戦略の組（U，R）に対してプレーヤー1と2の利得は（0，1），（M，L）に対して（0，1），（D，L）に対して（4，2），（D，R）に対して（－2，5）である。したがって，戦略の各組に対してプレーヤー1と2の利得が完全に定まったことになり，1つの（戦略形）ゲームが定義されたことになる。

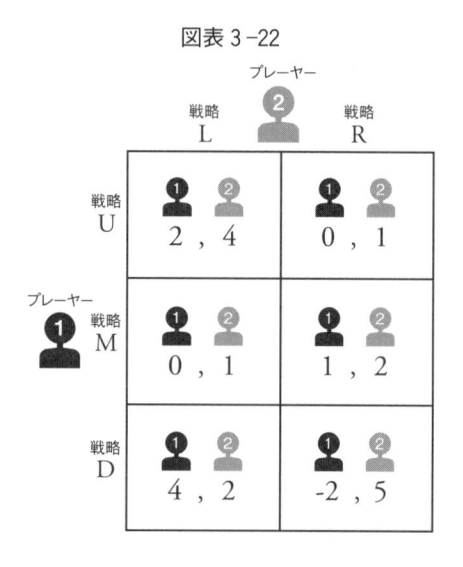

図表3-22

|  | 戦略 L | 戦略 R |
|---|---|---|
| 戦略 U | 2 , 4 | 0 , 1 |
| 戦略 M | 0 , 1 | 1 , 2 |
| 戦略 D | 4 , 2 | -2 , 5 |

### ■3.6-3　最適反応：相手の戦略が大事

　上記の議論でゲームの枠組みが定まったわけであるが，次に考えなくてはならないことは，定められたゲームでプレーヤーたちが具体的にどのような行動をするのかということである。そのときに各プレーヤーにとって大事になるのが，"相手（つまり，他のプレーヤー）の戦略"と"自分の利得"である。上記でも述べたが，各プレーヤーは自分の利得がなるべく大きくなることを基準に行動する。つまり，各プレーヤーは自分の利得を最大にするように行動する，あるいは戦略を選ぶ。しかし，問題は，（すでに何回も述べているが，）**自分の利得は（自分の戦略だけでなく，）相手の戦略にも依存している**ため，自分の利得を最大にするように行動する，あるいは戦略を選ぶといっても，相手の戦略の選び方によって自分の利得を最大にする自分の戦略は異なってくる可能性がある。このことを上記の図表3-22で確認してみる。例えば，プレーヤー1は自分の利得を最大にしたいのだが，それは相手（つまり，プレーヤー2）の戦略に依存する。実際，プレーヤー2が戦略Rを選んでいる場合を考えると，プレーヤー1がどう行動しようと，実現するのは右半分の3つのマスのどれかということになる。したがって，プレーヤー1は戦略Uを選べばプレーヤー1の利得は0，Mを選べばプレーヤー1の利得は1，Dを選べばプレーヤー1の利得は−2である。つまり，プレーヤー2がRを取っている限り，プレーヤー1が取るべき戦略は最も大きい（プレーヤー1の）利得をもたらすMということになる。しかし，プレーヤー2が戦略Lを取っている場合は，結果が違ってくる。この場合はプレーヤー1がどう行動しようと実現するのは左半分の3つのマスのどれかということになる。すると，プレーヤー1が戦略Uを選べばプレーヤー1の利得は2，Mを選べばプレーヤー1の利得は0，Dを選べばプレーヤー1の利得は4である。これはプレーヤー2がRを取っているときと全く違う。そして，プレーヤー2がLを取っている限り，プレーヤー1が取るべき戦略は，今度はDということになる。実際，Dを取る場合の利得4はUを取る場合の利得2やMを取る場合の利得0より大きい。つまり，プレーヤー1が取るべき戦略はプレーヤー2の戦略によって変わるというのがわかる。これはプレーヤー2の場合も同様である。プレーヤー1

が戦略Uを取っているとき，プレーヤー2がどう行動しようと，実現するのは上のマス2つのいずれかである。実際，プレーヤー2が戦略Rを選べばプレーヤー2の利得は1，Lを選べばプレーヤー2の利得は4である。したがって，プレーヤー1がUを取っている限り，プレーヤー2が取るべき戦略は，1より4のほうが大きいからLである。しかし，プレーヤー1がMを取っている場合は，やはり結果が違ってくる。この場合はプレーヤー2がどう行動しようと実現するのは真ん中2つのマスのいずれかである。実際，プレーヤー2がRを選べばプレーヤー2の利得は2，Lを選べばプレーヤー2の利得は1であるから，1より2のほうが大きいので，プレーヤー2が取るべき戦略はRということになる。したがって，プレーヤーの**最適反応**（＝自分の利得を最大にする戦略）を考えるときは，常に**他のプレーヤーがどの戦略を取っているのかを必ず明確にする**ことが大事である。例えば，図表3-22の例で言えば，「プレーヤー2がRと取っているときのプレーヤー1の最適反応」はMである。しかし，「プレーヤー2がLを取っているときのプレーヤー1の最適反応」はDである。さらに，「プレーヤー1がUと取っているときのプレーヤー2の最適反応」はLであり，「プレーヤー1がMを取っているときのプレーヤー2の最適反応」はRであり，「プレーヤー1がDを取っているときのプレーヤー2の最適反応」はRである。

### ■3.6-4　結局，プレーヤーたちはどの戦略を選ぶ？

　前節では，各プレーヤーの最適反応は，他のプレーヤーの戦略に依存していて，他のプレーヤーがどの戦略を取っているのかによって変わってくることを議論した。このようにお互いの取るべき戦略が相手の戦略によって変わってくる状況は非常に複雑な依存関係を引き起こす。例えば，プレーヤー1は自分の戦略を決めるにはプレーヤー2の戦略を知る必要があるが，そのプレーヤー2の戦略自体がプレーヤー1の戦略がどれかによって変わってくる可能性がある。プレーヤー2も同様に，自分の戦略を決めるにはプレーヤー1の戦略を知る必要があるが，そのプレーヤー1の戦略自体がプレーヤー2の戦略がどれかによって変わってくる可能性がある。これは明らかに議論が堂々巡りになっていて，最終的にプレーヤーたちがどんな戦略を取るのか結論が出てこない。こ

れに対して，ジョン・F・ナッシュは，非常に単純だが強力な解答を与えた。それは，前節の最適反応の議論を基に説明することができる。前節で議論したことは，各プレーヤーは相手の戦略がわかったら，それに対して自分の利得が最大になるような戦略，つまり最適反応を選ぶというものである。なぜなら，そうでなければ，自分の利得を最大にしていないので，各プレーヤーは自分の利得をできるだけ大きくなるように行動するという前提に反するからである。ということは，**お互いが相手の戦略に対して最適反応を取っていることが**，ゲームが最終的に落ち着く状態に要求される最低限の条件であることがわかる。実際，この条件が満たされないということは，あるプレーヤーは相手の戦略に対して最適反応を取っていないということになり，このプレーヤーは他の戦略を選べば，より大きい利得が得られるのでそちらに変えることになるだろう。つまり，上記の条件を満たしていない状態（戦略の組）は，すぐに他の状態（他の戦略の組）に変わってしまうだろう。したがって，繰り返しになるが，「お互いが相手の戦略に対して最適反応を取っていること」が，安定した状態（戦略の組）が満たすべき条件であることがわかる。そして，実はこの条件を満たす状態（戦略の組）こそが**ナッシュ均衡**と呼ばれるものなのである。図表3-22で具体的に見てみよう。例えば，戦略の組（U, L）を考えると，これは不安定である。なぜなら，プレーヤー2の戦略がLのとき，プレーヤー1にとって，戦略Uは自分の利得を最も大きくしていない（つまり，Lに対してUはプレーヤー1の最適反応ではない）。実際，他の戦略Dを取れば（D, L）となり，そこでのプレーヤー1の利得は4だから，プレーヤー1は戦略をUからDに変更するだろう。しかし，戦略の組（M, R）を考えると，プレーヤー2の戦略Rに対するプレーヤー1の最適反応はMであり，かつプレーヤー1の戦略Mに対するプレーヤー2の最適反応はRである。したがって，プレーヤー1は，相手（プレーヤー2）の戦略が変わらない限り，自分の戦略を変えても自分の利得は大きくならないから，自分の戦略を変えない。同様に，プレーヤー2も相手（プレーヤー1）の戦略が変わらない限り，自分の戦略を変えても自分の利得は大きくならないから，自分の戦略を変えない。つまり，この戦略の組（M, R）は（最低限の安定性を持っている）ナッシュ均衡である。ナッシュ均衡を正確に定義すると，「ナッシュ均衡とは，各

プレーヤーの戦略が他のプレーヤーの戦略に対して最適反応である戦略の組」のことである。図表3-22のゲームにおいて，(M, R)以外の戦略の組はナッシュ均衡ではないことを確認するのは良い演習問題である。

## ■3.6-5　いくつかの代表例

最後に，いくつかの代表的なゲームを紹介する。

### バトル・オブ・セクシーズ（男女の争い）

　図表3-23のゲーム行列によって定義されるゲームは"バトル・オブ・セクシーズ"（Battle of Sexes）と呼ばれるもので，次のような状況を表わしている。男女のカップルが映画デートに出かけるとしよう。このとき，どの映画を見るかで結構争うことがよくある。理由は，一般に男性はアクション映画かSF映画を見たがり，それに対して女性はロマンチックな恋愛映画を見たがるからである。すると，どちらのジャンルの映画を見るかで対立が起こる。バトル・オブ・セクシーズは，これを次のようにゲームとして定式化している。まず男性（プレーヤー1）の戦略はA（アクション映画を見る）とR（ロマンチックな恋愛映画を見る）という2つである。同様に，女性（プレーヤー2）もAとRの2つが彼女の戦略である。すると，男性と女性両方がAを選ぶということは2人で仲良く同じ映画を見るということであり，さらに男性は自分の好きな映画を見るということで，彼の利得は一番高く3としている。女性のほうも好きな映画ではないが彼と一緒に仲良く映画を楽しむということで中くらいの利得1を得る。逆に，男女ともにRを選ぶということは，2人で仲良く映画を見るということは同じであるが，今度は女性が自分の好きな映画を見るということで，一番高い利得3を得る。男性のほうは好きな映画ではないが彼女と一緒に映画を楽しむということで中くらいの利得1を得る。最後に，仲たがいをして男性と女性が違う映画を見る場合，つまり男性がAを選び女性がRを選ぶ，あるいは男性がRを選び女性がAを選ぶ場合は，男性と女性の利得は両方とも0である。

　このとき，このゲームのナッシュ均衡はどれだろうか？まず男女が違う映画を見に行く（A, R）と（R, A）はナッシュ均衡ではないのはすぐに確認でき

図表3-23

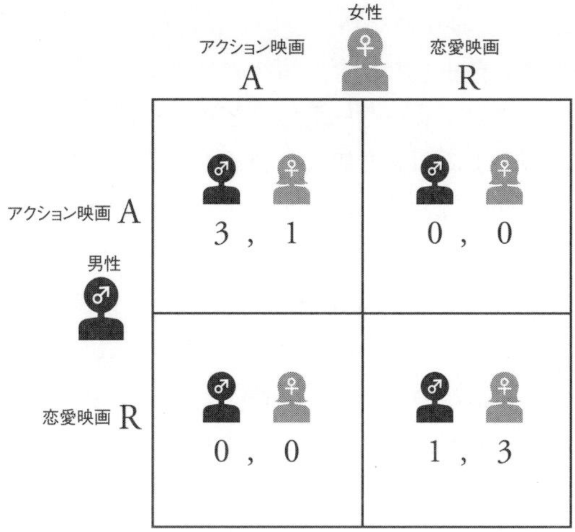

|  | アクション映画 A | 恋愛映画 R |
|---|---|---|
| アクション映画 A | 3 , 1 | 0 , 0 |
| 恋愛映画 R | 0 , 0 | 1 , 3 |

（列：女性、行：男性）

る。つまり，男女ともに仲たがいをして違う映画を見に行くというのは最悪の状況であり，それを避けるということでは男女双方で一致している。では，(A, A) と (R, R) はどうか？実は，両方ともナッシュ均衡である。ただし，(A, A) と (R, R) のどちらの状況がより起こりやすいのかということまではナッシュ均衡は答えてくれない。最後に，この例からわかるように，ナッシュ均衡が複数存在するゲームは容易に作れることを注意しておく。

**プリズナーズ・ディレンマ（囚人のジレンマ）**

次に，図表3-24のゲーム行列によって定義されるゲームは"プリズナーズ・ディレンマ"（Prisoners' Dilemma）と呼ばれ，最も有名なゲームの1つである。そして，これは，人々が非常によく直面する戦略的に困難な状況を単純な形で表わしたゲームでもある。ゲームは以下のような状況を表わしている。プレーヤー1とプレーヤー2が宝石の盗難事件を起こし，逮捕されたとしよう。そして，別々の取調室で，両プレーヤーは取調官に同じことを言われる。「相方は自白していない。お前が相方と起こした別の盗難事件も自白してくれれば，お前の刑は情状酌量で執行猶予になる。しかし，お前が黙ってい

て，相方が自白した場合は，お前に対する裁判官の心証は最悪になり，10年の実刑になる。」しかし，お互いが黙っていれば，両方とも1年程度の実刑で済む。ただし，両方とも自白した場合，情状酌量はなくなり，両方とも5年の実刑を受ける。このとき，プレーヤーたちはどういう選択をするのだろうか？

　このゲームは協調による利益と個人の利益のジレンマをよく表わしている。つまり，お互いが協調する場合，つまりプレーヤーたちが（C, C）を選んだ場合，両プレーヤーとも2という協調の利得を得る。しかし，各プレーヤーにとって，相手のプレーヤーがCを取っているときの最適反応，つまり利得を一番大きくする戦略はCではなくDである。実際，このとき3という最大の利得をプレーヤーは得る。つまり，（C, C）という協調の状態はナッシュ均衡ではなく，Cを取っている相方を裏切る（つまり，Dを取る）ことによる個人の利益がより大きいので（C, C）はすぐに変わってしまう状態である。では，各プレーヤーにとって，相手のプレーヤーがDを取っているときはどうだろうか？　このとき，Cを取っていると－1という最悪の利得になってしまう。自分も裏切れば（つまり，Dを取れば），利得は0になり，－1よりは大きい。したがって，相手のプレーヤーがDを取っているときでも，Dを取る

図表3-24

|  | プレーヤー2 | |
|---|---|---|
|  | 自白しない C | 自白する D |
| プレーヤー1　自白しない C | 2 , 2 | -1 , 3 |
| 自白する D | 3 , -1 | 0 , 0 |

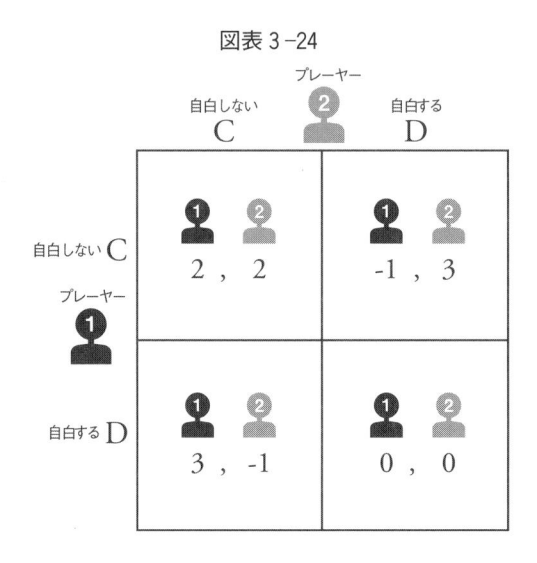

のが最適反応である。すると，プレーヤーにとっては，相手のプレーヤーがCを取っていようがDを取っていようが関係なく，Dを取るのが最適反応であることがわかる。これは両方のプレーヤーに言えることなので，(D, D) が常に選ばれることがわかる。つまり，このゲームでは (D, D) が唯一のナッシュ均衡である。しかし，この状態での各プレーヤーの利得は，協調状態 (C, C) のときの利得2にも及ばず，0である。これはお互いが，たとえ相手が協調しているときでさえ，相手を出し抜いて個人的に大きな利益を得ようとして，結局協調しているときよりも悪い結果に終わるというジレンマを表わしている。

**マッチング・ペニーズ（コイン合わせ）**

図表3-25のゲーム行列によって定義されるゲームは"マッチング・ペニーズ"（Matching Pennies）と呼ばれ，ゼロ・サム・ゲームと呼ばれるゲームの種類の中で最も有名で単純な例である。実際，図3-25のゲーム行列の各マスのプレーヤー1と2の利得を足すと常に0になるのがわかる（1 + (−1) = 0）。このゲームでは，プレーヤー1と2が硬貨を一枚づつ持っていて，両方

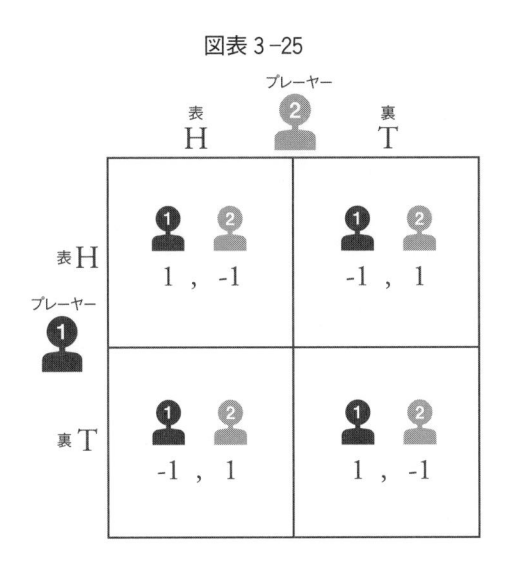

図表3-25

|  | プレーヤー2 表 H | 裏 T |
|---|---|---|
| プレーヤー1 表 H | 1 , −1 | −1 , 1 |
| 裏 T | −1 , 1 | 1 , −1 |

の硬貨がともに表（H）が出た，あるいは裏（T）が出たときは，プレーヤー1の勝ちで，プレーヤー2は1ドルをプレーヤー1に渡し，両方の硬貨が別々の場合，つまり表と裏が出た，あるいは裏と表が出た場合は，プレーヤー2が勝ちとなり，プレーヤー1が1ドルをプレーヤー2に渡す。注意すべきは，このゲームでは，ナッシュ均衡は存在しない。（これは簡単に確認できる演習問題である。）より正確に言うと，我々が今まで考えてきた戦略の範囲では存在しない。実はマッチング・ペニーズでも，今までの戦略を確率も含んだものに拡張すると，その拡張した戦略（これを**混合戦略**という）の範囲ではナッシュ均衡が唯一存在する。（混合戦略と書くと難しく感じるかもしれないが，「コイン投げ」は混合戦略の代表例である。普通のコインは表・裏が同じ確率で出るが，これは「表（H）が確率$\frac{1}{2}$，裏（T）が確率$\frac{1}{2}$で出るコイン投げ」として混合戦略の一例である。そして，両プレーヤーが，この「表裏ともに確率$\frac{1}{2}$のコイン投げ」混合戦略を取るのがマッチング・ペニーズ・ゲームでの（混合戦略）ナッシュ均衡である。）

# 第4章 国内総生産（GDP）とマクロ経済学

　第3章ではミクロ経済学の基礎を学んだ。ミクロ経済学は微視的経済学ともよばれ「各経済主体がどのように自らの行動を決定し，それらがお互いにどのように影響を及ぼし合うのか」を分析する。それに対して**マクロ経済学**すなわち巨視的経済学は，文字どおり経済を大きな視野でとらえて「経済全体とりわけ一国経済の活動水準がどのように決定されるのか」および「その水準がどのようなしくみで変動するのか」を検討する。第4章ではこうしたマクロ経済学の基礎を学習する。

## 4.1 GDPとは

　マクロ経済すなわち一国経済の活動水準をあらわす代表的な指標が**GDP**（Gross Domestic Product）である。それは**国内総生産**と訳され「一年間に一国内で生産された最終生産物の価値（**付加価値**）の総額」をあらわす。この指標に関してまず注意するべきことは次の3点である。

　1つ目は，それが**貨幣**で表示されていることである。すなわち一国の経済ではあらゆる種類の財がおもに企業で生産されており，それらの大きさを測定する単位もさまざまな種類が存在する。それゆえあらゆる種類の財の総生産規模を表現するためには，各財1単位あたりの価格にその生産単位数を掛け合わせ，その金額をすべての種類の財にわたって足し合わせるより仕方がないのである。ここでこうしたあらゆる種類の財の価格の平均をとったものが**物価**であり，それが上昇することを**インフレーション**，それが下落することを**デフレーション**という。それゆえインフレーション（デフレーション）が生じているとき，財の生産量が変化していなくてもGDPは増加（減少）することになる。こうした物価変動がそのまま数値に反映されてしまうGDPを**名目GDP**といい，その変動が考慮に入れられたGDPを**実質GDP**という。すなわち実質GDP

は財の総生産の実質的な規模を測定するための指標である。

2つ目は，上記の財には目にみえる有形の商品のみならず，目にみえない無形の商品である**サービス**が含まれていることである。その種類もまた莫大な数におよぶが，その代表例として**医療**を挙げることができよう。2007年度におけるGDPの大きさは515兆8579億円であったが，そのうちの6.6%である34兆1360億円が国民医療費であった。国民が豊かな生活を享受するために，教育をはじめとするさまざまなサービスに所得を費やすことは確かに有益であろう。しかし医療費の拡大が，それがGDPを増大させるにしても，果たして国民の**生活の質**を高めることになるのであろうか。今後綿密な検討が必要であろう。

そして3つ目は，総計される価値はあくまで（最終的な商品ともいうべき）最終生産物の価値であって，それらを生み出す過程で投入された原材料等の**中間投入財**の価値は含まれないことである。このことを，具体例を挙げて説明してみよう。ある鉄鋼会社（企業A）がある自動車会社（企業B）に鉄鋼を販売したとしよう。このとき企業Bがそれを原材料として用いて自動車を生産したならば，鉄鋼は中間投入財になり自動車は最終生産物になる。このとき鉄鋼の価値をGDPに加算してはならない。なぜならその価値は自動車の価値に含まれているからである。すなわち中間投入財の価値をGDPに含めてしまうとその分が二重に計算されてしまうのである。ちなみに企業Bが鉄鋼を本社前にオブジェとして展示したとしよう。このとき鉄鋼は最終生産物となりGDPに付け加えられることになる。このようにある財が中間投入財になるか否かは，その物質的特徴によってではなく，購入した主体がそれをどのように用いるかによって決定されるのである。

なおGDPに代表される指標は，ある一定期間（1年間）の経済活動にともなう財や貨幣の流れの量を示していることから**フロー**とよばれる。これに対して地下資源の埋蔵量などのように，ある特定時点における財貨の蓄積量を示す指標を**ストック**という。一国の豊かさはこうした指標の大きさによっても左右される。

## 4.2 GDPをとらえる方法：経済主体と経済循環

　それではGDPの大きさはどのように測定されるのであろうか。これを理解するためには、**各経済主体**の関係および**経済循環**のしくみを把握する必要があり、これらは図表4-1であらわされる。マクロ経済における主体は**家計**（いわば「家族」の集合体）・**企業**（いわば「会社」の集合体）・**政府**（中央政府および各地方自治体の集合体）の3つ（ただし広義には**外国**〈諸外国の集合体〉を含めて考えることができる）に大別される。これらがどのような行動に基づいて関係づけられ、かつこれらの間を（サービスを含む）財と貨幣がどのように循環するのかを以降順次みていくことにしよう。

### ■4.2-1　支出GDP：財の総需要

　まず家計が企業から財を購入することを①**消費**という。また企業が（自らを含む）企業から財を購入することを②**投資**という。そして政府が企業から財を購入することを③**政府支出**という。さらに外国が自国の企業から財を購入することにともなう**輸出**から、自国の経済主体が外国から財を購入することにともなう**輸入**を差し引いた大きさを④**純輸出**という。

　ここで投資とは「将来の生産または販売のために財を確保すること」をさし、**設備投資**と**在庫投資**に大別される。設備投資は新しい工場を建てたり、その中の機械設備を増やしたりすることである。また在庫投資は文字どおり企業の倉庫に蓄積される財を増やすことである。なおこうした財には未使用の原材料や売れ残った財（意図せざる在庫投資）が含まれる。

　また政府支出とは道路や港湾等の**公共財**を増やしたり、警察や消防等の**公共サービス**を（とりわけ）家計に供給するために必要なパトカーや消防車等の財を企業から購入することである。

　ちなみに投資による企業の生産設備の増加分および政府支出による公共財の増加分（公共投資）はフローの一部を形成する。それに対してそれらの蓄積量はストックの一部を形成する。そして投資によって蓄積された財を**資本**といい、とりわけ公共投資によって蓄積された公共財を**社会資本**とよぶ。

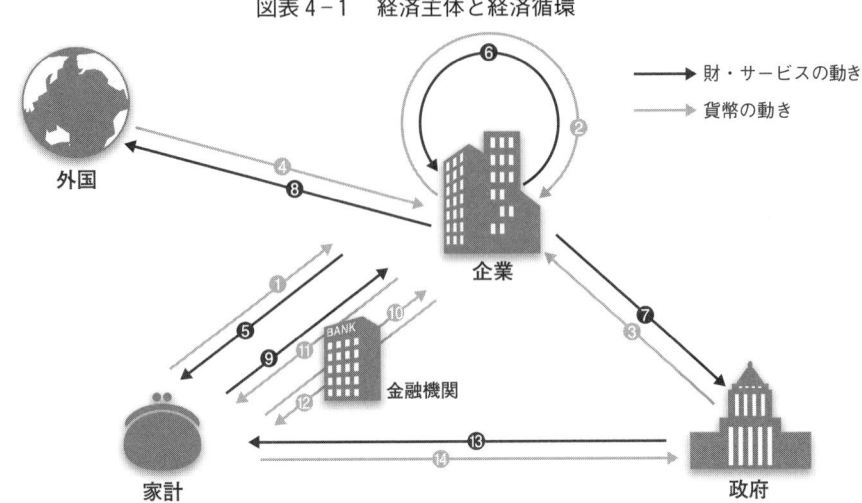

# 第4章 国内総生産（GDP）とマクロ経済学

図表 4 - 1　経済主体と経済循環

❶消費＋❷投資＋❸政府支出＋❹純輸出＝財の総需要：支出GDP
❺＋❻＋❼＋❽＝財の総供給：生産GDP
❾労働＋❿資本＝生産要素の供給
⓫賃金＋⓬利子・配当＝国民所得：分配GDP
⓭公共財・サービス　　⓮税金, 公債の購入

新古典派：分配GDP（⓫＋⓬）→生産GDP（❺＋❻＋❼＋❽）→支出GDP（❶＋❷＋❸＋❹）の順序でGDPの各側面の大きさが決定
ケインズ派：支出GDP（❶＋❷＋❸＋❹）→生産GDP（❺＋❻＋❼＋❽）→分配GDP（⓫＋⓬）の順序でGDPの各側面の大きさが決定

　これら4つの貨幣の流れの合計，すなわち①消費＋②投資＋③政府支出＋④純輸出の大きさは企業に支払われた金額の総額であり，**財の総需要の大きさ**を表す。それゆえこの大きさでもってGDPを計測することができる。こうした財に対する支出の側面からとらえられたGDPのことを**支出GDP**という。

## ■4.2-2　生産GDP：財の総供給

　企業は財の需要に応じて財を生産し，それらを各経済主体に供給する。すなわち①消費＋②投資＋③政府支出＋④純輸出にみあう⑤＋⑥＋⑦＋⑧の大きさ

が財の**総供給**の大きさをあらわし，それでもってGDPを計測することができる。こうした財の生産の側面からとらえられたGDPのことを**生産GDP**という。なお，売れ残った財は意図せざる在庫投資と見なされることから，生産GDPは支出GDPと（事後的に）等しくなる。

### ■4.2-3 分配GDP：国民所得

　家計は企業が生産する財を消費という形態でもって需要すると同時に，そのために必要な所得をえるために，企業に⑨**労働**（経営者としての労働を含む）および⑩**資金**（資本）を供給する。ここで資金は投資によって蓄積された財とあわせて資本とよばれ，その供給は**貯蓄**，すなわち企業（会社）が発行する債券（いわば借用証書）である**社債**そして**株式**といった証券の購入，および銀行等への預金を通じて行われる。企業はこれらの**生産要素**を一般に家計から需要して⑤＋⑥＋⑦＋⑧の大きさの財を供給し，①＋②＋③＋④の大きさの収入を得る。

　ここで注目するべきことは，企業はこうした収入を最終的に全額家計に分配せざるをえないということである。なぜなら労働を供給した家計には⑪**賃金**（経営者に対する報酬を含む）を，資本を供給したそれには⑫**利子・配当**を支払わねばならず，配当を支払うことは企業が（株式の保有者である）株主にその保有株数に応じて（儲けである）**利潤**を配り与えることを意味するからである。それゆえ企業が家計に分配する生産要素の対価の総額⑪＋⑫は，それが生み出した付加価値の総額⑤＋⑥＋⑦＋⑧に等しくなることから，家計が受け取る所得すなわち**国民所得**の大きさでもってGDPを測定することができる。こうした企業から家計への所得分配の側面からとらえられたGDPを**分配GDP**という。ちなみに金融機関は，おもに資本を供給する主体である家計とそれを需要する主体である企業との取引が円滑に行われるのをサポートするために存在している。

　このように財の総供給をあらわす生産GDPは，財の総需要をあらわす支出GDPに等しいことに加えて，国民所得をあらわす分配GDPにも等しくなる。このことを**三面等価の原則**という。

### ■4.2-4　財政の概要

　これまでに学んだように，政府は，道路や警察等おもに家計が健全な生活を営むうえで必要不可欠な財やサービスである⑬**公共財・サービス**を供給するために，政府支出を通じて企業から財を購入する。そしてその財源はおもに⑭家計による**税金**の支払いおよび**公債**の購入（政府に資金を供給すること）によって賄われる。ここで公債は中央政府が発行する債券である**国債**と各地方自治体が発行する**地方債**に分類される。こうした政府の経済活動を総称して**財政**とよぶ。

### ■4.2-5　経済とは

　「経済」という言葉を実際に『広辞苑』で引いてみると「人間の共同生活の基礎をなす財・サービスの生産・分配・消費の行為・過程，並びにそれを通じて形成される人と人との社会的関係の総体」であると説明されている。すなわちこの節で学んだ「経済主体と経済循環」はまさに「経済」をあらわしているのである。ここで貨幣を血液，および財・サービスを栄養分とみなすならば，経済を一つの生き物としてとらえることができよう。それゆえマクロ経済学は，経済という生き物の活動水準（GDP）がどのように決定されるのか，およびなぜそれが上昇したり（**好況**）下落したり（**不況**）するのかを分析する学問であるということができよう。

## 4.3　GDPの大きさが決まる要因：新古典派とケインズ派の違い（1）

　前の節ではGDPの大きさをどのように測定するのかを学んだ。それに基づいてこの節ではGDPの大きさが何によって決定されるかを，**新古典派**と**ケインズ派**という2つの学派における考え方の違いを明らかにしつつ説明しよう。

### ■4.3-1　新古典派の考え方

　新古典派は「人々の欲望が無限であるのに対して，社会が保有する資源には

限りがある」こと，それゆえ「欲望に対してそれを満たすための手段が不足することから，希少性という問題が生じる」ことを重要視する。すなわちこの学派は「家計が企業にどれだけの大きさの生産要素を供給するかが GDP の大きさを決定する」と判断する。なぜなら生産要素が供給されない限り，企業は財を生み出すことができないからである。

こうした考え方の全体像を，図表 4-1 を用いて説明すれば次のようになるであろう。GDP は支出・生産・分配の 3 つの側面からとらえることができるが，これらのうち彼ら・彼女らが注目するのは**分配**の側面である。なぜなら家計と企業の間で取り引きされる労働と資本の大きさが決まれば，それらの対価の大きさも決まり，それゆえ家計が企業から受け取る所得の大きさが決定されるからである。企業はこうした取引によって得た生産要素を生産過程に投入し，家計に分配するべき所得に等しい価値の財を生み出す。そして各経済主体はこうした財の供給に等しい分だけそれを需要する。したがって彼ら・彼女らは「まず国民所得である分配 GDP の大きさ⑪＋⑫が決まり，次いで財の総供給をあらわす生産 GDP の大きさ⑤＋⑥＋⑦＋⑧が決まり，最後に財の総需要を意味する支出 GDP の大きさ①＋②＋③＋④が決定される」と考える。

こうした考え方にもとづくならば，仮に**失業**が生じているとしても，それはあくまで**自発的**なものであろう。すなわち賃金が低い，自分にあう仕事が見つからない，育児等の家事が大変なので仕事ができない等の理由が失業の原因になっている。それゆえ**完全雇用**という，いわば経済の理想的状況が実現している。なぜならそれは「現行の賃金のもとで就業を希望する労働者がすべて雇用されている状態」をさしているからである。

### ■4.3-2　ケインズ派の考え方

こうした新古典派の考え方に異を唱えたのが**ケインズ**（John Maynard Keynes）であった。彼は新古典派が考えるように財の供給に見合う需要が生まれる必然性はないことを主張した。すなわち，たとえ企業が財の供給に等しい大きさの所得を家計に分配しても，そのうち家計が財の需要に充てるのは消費の部分だけであって，残りは（おもに税金として政府に流れる部分を除いて）貯蓄という形態でもって最終的に企業に還流する。それゆえ（政府がその

収入である**歳入**をすべてその支出である**歳出**に充てるとしても）企業の投資（厳密にはこれに純輸出を加えた大きさ）が家計の貯蓄を下回るならば，財の売れ残りが生じて供給が需要を上回ってしまう。そして財の超過供給によって意図せざる在庫投資が増えてしまうので，企業は財の供給水準をその需要の大きさに等しくなるように設定しようとする。

このようにケインズは「企業は売れる見込みのないものを生産しない」という原則にもとづいて「財の需要がその供給を決定する」と考えた。こうした考え方の全体像を再び図表4－1を用いて説明すれば次のようになるであろう。GDPの支出・生産・分配という3つの側面のうち，彼が注目したのはいうまでもなく**支出**の側面である。すなわち財の総需要である支出GDPの大きさ①＋②＋③＋④が財の総供給をあらわす生産GDPの大きさ⑤＋⑥＋⑦＋⑧を決定し，その結果として企業の生産要素に対する需要量⑨＋⑩が規定されることから，最終的に国民所得を意味する分配GDPの大きさ⑪＋⑫が決まるという考え方である[1]。これを**有効需要の原理**といい，有効需要とは「貨幣的支出の裏付けのある需要」のことをさす。

こうした考え方にもとづくならば，財の総需要が低水準にあるとき，財の総供給もそうした水準にとどまることから完全雇用は達成されず，**非自発的失業**者つまり「現行の賃金のもとで就業を希望しているにもかかわらず，雇用されていない」人々があらわれてくる。

## 4.4 GDPの大きさが変動するしくみ：新古典派とケインズ派の違い（2）

次にGDPの大きさはどのように変動するのか，つまりなぜ景気が循環するのかを新古典派とケインズ派のそれぞれの立場から説明してみよう。

### ■4.4-1　新古典派の景気循環論

前の節でみたように，新古典派は「家計から企業にどれだけ多くの生産要素

---

[1]. こうした考え方の数学を用いた説明は第6章第3節第1項を参照されたい。

が（円滑に）供給されるか」そして「企業がそれらの要素をどれだけ効率的に生産過程に投入することができるか」がGDPの大きさを決定するうえで重要であると考える。それゆえ彼ら・彼女らの考えにもとづくならば，企業が利用可能な生産要素の大きさの増減，そして企業が財を生産するさいの環境や技術水準の変化がGDPの大きさの変動をもたらすことになる。

かりに財の生産技術が進歩したとしよう。このときたとえ生産要素の大きさに変化がなくても財の生産量は増加するであろう。しかしここでより大切なことは，企業が労働や資本をより効率的に利用できることからそれらに対する需要を増加させ，（それらの対価である）賃金や利子・配当もまた上昇することである。すなわち**技術進歩**が発生すると，まず国民所得（分配GDP）が増加し，次いで財の総供給（生産GDP）が増えることから財の総需要（支出GDP）もまた増加するので好況がもたらされる。

一方，ある主要都市で大地震が発生したとしよう。このとき生産要素の大きさが減少することは確かであろうが，より大切なことは，企業による労働や資本の利用が非効率になることからそれらに対する需要が減少し，賃金や利子・配当もまた下落することである。すなわち，たとえば地震等の天変地異によって技術が退歩してしまうと，まず国民所得（分配GDP）が減少し，次いで財の総供給（生産GDP）が減ることから財の総需要（支出GDP）もまた減少するので不況がもたらされる。

こうした新古典派の考え方にもとづく景気循環論は**実物的景気循環**（リアルビジネスサイクル）理論とよばれ，これを最初に唱えたキドランドとプレスコットは2004年にノーベル経済学賞を受賞している[2]。

## 4.4-2　ケインズ派の景気循環論

続いてケインズ派の景気循環論を説明しよう。これまでに学んだように，ケインズ派は「企業が供給する財に対してどれだけ多くの需要が存在するか」がGDPの大きさを決定するうえで重要であると考える。それゆえ彼ら・彼女らの考えにもとづくならば，財の総需要の変化がGDPの大きさの変動をもたら

---

[2] ノーベル経済学賞に関する詳しい説明は第6章のコーヒーブレイクを参照されたい。

すことになる。

**負の波及過程：景気が後退するしくみ**
　かりに家計が将来に対して不安を抱き，貯蓄を増やしたい願望に駆られたとしよう。このとき家計は「所得から税金を差し引いた**可処分所得**が1単位増加したときに貯蓄がどれだけ増加するか」をしめす指標である**限界貯蓄性向**を上昇させる。この指標はその性質上0を上回りかつ1を下回る大きさをとる。ここで所得が1万円増えたとしよう。このとき限界貯蓄性向が0.2であるならば，家計はそのうちの2千円（0.2万円）を貯蓄に回す。それゆえ所得の増加分である1万円から貯蓄の増加分である2千円（0.2万円）を差し引くと，消費の増加分は8千円（0.8万円）であることがわかる。すなわち1と限界貯蓄性向（0.2）の差（0.8）が「可処分所得が1単位増加したときに消費がどれだけ増加するか」をしめす**限界消費性向**の大きさをあらわす。したがって限界貯蓄性向が上昇すれば限界消費性向が下落し，家計の消費が減少する。
　こうした家計の消極的な行動にともない，企業もまた将来に対して悲観的な予想を立てるであろう。すなわち新工場の増設や機械設備の拡充等の投資計画における**予想収益**が，そうした計画に必要な資金を調達するための費用である利子を下回ることが頻繁に発生することから，企業の投資もまた減少するであろう。
　このような家計および企業の将来に対する悲観的予想にもとづく財の総需要の減少は[3]，財の総供給を減らすことを通じて生産要素に対する需要を減少させる。それゆえ非自発的失業が増加して国民所得が減少する。ここで注意すべきことは「国民所得の減少にともなって（少なくとも）家計の消費が再び減る」ことである。すなわち家計は所得の減少分に限界消費性向を掛けた分だけ消費を減らすのである。そしてこれが再び財の総需要の減少，財の総供給の減少，および国民所得の減少を引き起こし，さらに消費が減少する…という悪循環が引き起こされてしまう。こうした過程を**負の波及過程**という[4]。なおこの

---
[3] 外国の経済主体が将来に対して悲観的な予想を立てるとき，自国の純輸出が減り，自国の財の総需要が減少するであろう。
[4] こうした過程の数学を用いた説明は第6章第3節第2項を参照されたい。

過程では一般に物価が下落する傾向にあるが[5]、それが財の総需要の減少を食い止めるならば、景気は底を突くであろう。しかし2000年代前半の日本経済においてみられたように、デフレーションが企業の収益を縮小させて財の総供給の減少に拍車をかけるならば、景気はより後退することになる。こうした現象を**デフレスパイラル**とよぶ。

　ちなみにこのような状況のもとで家計は貯蓄を増やすことができたのであろうか。たしかに各家計がそれを実現するために限界貯蓄性向を上昇させることは無理からぬことである。しかしすべての家計がそうした行動をとることにより経済全体の消費が減少し、最終的に国民所得が大きく減少する。それゆえ限界貯蓄性向を上昇させても貯蓄は増加しないであろう。こうした現象は**節約のパラドックス**とよばれ、「個々の主体にとっては正しいことであっても、すべての主体がそれを選択することによって誤った結果がもたらされる」という**合成の誤謬**をあらわしている。

**正の波及過程**：景気が回復するしくみ

　こうした不況にあえぐ経済に救いの手を差し伸べることができる主体が政府である。政府は、おもに家計の可処分所得の増加にともなう消費の拡大をねらって減税を実施したり、公債を発行して政府支出を増やすことなどをつうじて財の総需要の増大をもくろむ[6]。そしてそれが実現すれば財の総供給が増えて生産要素に対する需要が増加し、非自発的失業が減少して国民所得が増大する。ここで注意すべきことは「国民所得の増大にともなって（少なくとも）家計の消費が（再び）増える」ことである。すなわち家計は所得の増加分に限界消費性向を掛けた分だけ消費を増やすのである。そしてこれが再び財の総需要の増加、財の総供給の増加、および国民所得の増加を引き起こしてさらに消費が増大する…という好循環がもたらされる。こうした過程を**正の波及過程**という[7]。なおこの過程では一般にインフレーションが生じる傾向にあるが、それが財の総需要の増加を抑えるならば、景気の波はピークを迎えることになる。

---

5. ここで物価が下落しないとき「景気停滞（スタグネーション）の下での物価高（インフレーション）」という状況におちいる。これを**スタグフレーション**という。
6. 純輸出が増えるときにも財の総需要は増加する。

## 4.5 IS バランスからみた日本経済の課題

それではこれまでに学んだ知識を生かして，日本経済の課題を探ることにしよう。まず，三面等価の原則により国民所得が財の総需要に等しいこと，および純輸出は輸出と輸入の差であることに注意すれば，次式が成立する。

(4.1)　　国民所得＝消費＋投資＋政府支出＋輸出－輸入

また貯蓄は次式で示される

(4.2)　　貯蓄＝国民所得－税金－消費

それゆえ (4.2) 式を (4.1) 式に代入・整理すれば，次式がえられる。

(4.3)　　(輸出－輸入) ＝ (貯蓄－投資) ＋ (税金－政府支出)

そして (4.3) 式は次式のように書き換えられる。

(4.4)　　**貿易収支＝民間貯蓄・投資差額＋財政収支**

(4.4) 式を貯蓄 (Saving) と投資 (Investment) の頭文字をとって **IS バランス**という。

こうした IS バランスを今日の日本経済に適用するときに注目するべきことは「財政収支が赤字 (税金＜政府支出) であるにもかかわらず，貿易収支が黒字 (輸出＞輸入) である」ことである。このことから日本経済は現在「民間貯蓄・投資差額が正で，かつそれが財政収支の赤字を上回っている」ことがわかる。すなわち日本では今日においてもなお，政府が発行するすべての公債が自国の民間経済主体によって引き受けられることが可能なのである。それゆえ「現段階において財政収支の赤字削減を目指す」ことが重要であろう。なぜなら今後財政収支が赤字の状態で貿易収支が赤字に転じた場合，民間貯蓄・投資差額が（それがかりに正であったとしても）財政収支の赤字を下回ってしまうからである。このとき日本の公債に対する国際的な評価が著しく低く，万一それが外国の経済主体によって引き受けられない事態が発生すれば，日本の国家財政は破綻してしまうであろう[8]。

これまでに学んだように政府支出は，低迷する景気を刺激するだけでなく，

---

7. こうした過程の数学を用いた説明は第 6 章第 3 節第 2 項を参照されたい。
8. こうした財政のサステナビリティー問題は次の節で詳しく説明される。

政府が国民に公共財・サービスを供給するうえで必要不可欠な経済行動である。しかしその財源を確保するために（消費税率の引き上げ等をつうじて）増税を行えば景気の回復は遅れるであろうし、公債を発行し続ければ先に説明した財政危機の問題に直面してしまう。こうしたいわば「諸刃の剣」の性質をもつ財政政策をどのように運営していくかが、日本経済における当面の重要な課題であろう。

## 4.6 財政のしくみ

### 4.6-1 財政の役割

政府は、企業や家計から租税を集め、これによって企業の生産する生産物（商品）や家計の生産要素（労働）を購入して財政活動を行っている。今日では、政府は積極的に経済活動に参加・介入し、景気変動の調整や経済的不平等の是正などを図りながら、企業・家計の経済活動の調整を行い、国民生活の安定と向上に重要な役割を果たしているのである。

財政の役割として3機能が挙げられる。第1は、**資源配分の機能**である。第3章で指摘されたように、市場機構にゆだねていたのでは十分な供給が困難である国防・警察などのサービス（**純粋公共財**）や、政府が行うほうが好ましい道路・図書館・上下水道などのサービス（**準公共財**）の提供を行い、国民生活の向上を図っている。また、市場機構によって提供可能な住宅・病院・学校などのサービス（**私的財**）であっても、社会の要請がある場合は公共住宅・公立病院・公立学校などのサービス（**価値財**）が政府によって行なわれる。

第2は、**所得再分配の機能**である。現在、多くの国々では市場機構を通じて行われる所得分配の不平等を是正するため、収入面で所得税・相続税などに累進税制を取り入れ、支出面で生活保護・雇用保険などの社会保障支出によって再分配し、所得分配の公正を図っている。ただし、公正の基準を、所得分配の「機会の平等」に置くのか、「結果の平等」に置くのか議論のあるところである。「機会の平等」を重視する場合、インセンティブのことを考えるならば、「結果の平等」は社会にとってマイナスとなる。この立場からは、相続税の強

化，教育の機会均等，労働市場の整備が要望される。「結果の平等」を重視する場合，これらに加えて，所得税の累進課税，社会保障制度の充実などさらに積極的に行うことが，社会全体の厚生を高めると考えられている。

第3は，**経済安定の機能**である。政府の財政活動による経済安定化機能は，2つに大別される。まず，財政の自動安定化機能が考えられる。これは，財政に制度として備わっている安定化機能である。税制面では，累進所得課税や法人税による税収が不況期には大幅な減収となり，好況期には反対に増収となる。支出面では，失業保険給付などの移転支出が不況期には増大し，逆に好況時には減少する。いずれも経済を自動的に安定化させる方向に作用するのである。次に，裁量的財政政策が考えられる。不況期には公共投資などの財政支出を拡大し，または減税などの景気刺激策を採用する。反対に好況期には財政支出を抑え，増税などの景気抑制策を行う。この政策は，政府の財政活動として積極的に需要の調整を行うものである。一般に景気安定的財政政策（フィスカル・ポリシー）と呼ばれているのはこの政策を指している。

### 4.6-2 予算制度

財政の3機能を果たすために，政府はひとつの経済主体として収入を得て，それをもとに支出の活動を行っている。1会計年度におけるすべての収入を**歳入**，支出を**歳出**とよび，政府は毎年，歳入と歳出を予算として作成し，国会に提出し，国会の承認を得てこれを実行に移すのである。このような国会での予算の審議を通じて，国民は政府の活動をコントロールすると同時に，この予算によって1年間の政府活動を知ることになる。

国の一般の歳入歳出を整理する会計を**一般会計**と呼んでいる。この会計は租税などの財源を受け入れ，社会保障・教育など国の基本的経費をまかなう会計である。通常，予算という場合にはこの一般会計予算を指す。国の会計は本来1つのものであり，単一予算が原則だからである。

しかし，財政の範囲が拡大し，その内容も多様化してきたため，特定の歳入歳出を一般の歳入歳出と区別して**特別会計**として整理するようになっている。特別会計の数や内容は年度とともに変遷してきているが，平成21年度現在21の特別会計が設けられている。特別会計予算は，一般会計予算のほぼ4倍の予算

規模であり，このなかには，道路など社会資本整備特別会計や年金など国民生活にとって重要な年金特別会計が含まれている。さらに，**政府関係機関**も存在する。政府関係機関とは，特別の法律によって設立された特殊法人で，その資本金が全額政府出資であり，予算について国会の議決を必要とする機関を意味する。これらの機関を国から切り離して別個の機関としているのは，企業的経営によって効率的な運営を意図したものであるが，国の事業としてその予算は，国会の議決を受けなければならないのである。

　以上の3つの予算は単純に並立しているのではなく，財源を一般会計から特別会計や政府関係機関へ繰入れたり，反対に特別会計や政府関係機関から一般会計に繰入れるなど相互につながりをもっている。そのため単純に予算を合計するのではなく，そこから重複分を差し引いた純計が国の予算規模となる。したがって，国の予算全体をみるためには，一般会計予算のみでなく，予算全体とそのつながりを見る必要があるのである。

## ■4.6-3　国の収入

　最も代表的な一般会計の収入は，①租税および印紙収入，②専売納付金，③官業益金および官業収入，④政府資産整理収入，⑤雑収入（日銀納付金など），⑥公債金，⑦前年度剰余金受入に区分されるが，国民の負担する租税（税金）が基本である。

　現在，租税の基本原則としては「公平・中立・簡素」の3点を中心に考えられている。まず，**課税の公平**については，**垂直的公平**と**水平的公平**の2つの考え方がある。垂直的公平とは，タテの公平とも呼ばれ，租税負担の担税力（租税を負担する経済力）が高いほど租税負担も増えることが望ましいとされている。水平的公平とは，ヨコの公平とも呼ばれ，租税負担の担税力が同じであれば租税負担も等しくなることが求められるのである。次に，**課税の中立性**とは，課税が経済活動に資源配分上のゆがみをできる限り与えないようにすることである。効率的な市場における経済上の決定に対する影響をできるだけ小さくして，経済の資源配分を攪乱しないような税制が望ましいからに他ならない。最後に，**課税の簡素性**とは，課税ができるだけ簡素であることが望ましいことである。税務当局や納税者にとって費用ができるだけ小さく，手続きも煩

雑ではなく，また納税者に理解しやすいことなどが求められる。

租税の区分として，一般の国民にとって重要であるのが，**直接税**か**間接税**である。なぜなら，国民は支払った租税金額に最も関心を持つ。しかし，租税によっては租税を支払った納税義務者と実際に租税を負担する担税者とが異なる。これが租税の転嫁といわれる現象で，その場合国民は実際の担税者が租税を負担していることを理解しなければならない。直接税は，所得税などがその例で，法律上の納税義務者が最終的に税を負担する者（担税者）となることを立法者が予定している税のことである。間接税は，消費税のように法律上の納税義務者は税を財・サービスの価格に上乗せしているので，実質的な負担者とはならず，その財・サービスの最終購入者が担税者となることが予定されている税である。したがって，消費税などの間接税を負担するのは，消費者などの最終購入者である。

租税負担は担税者の負担能力に応じて割り当てられるべきであるが，負担能力を測る尺度としては，所得のほかに消費や資産も考えられる。そこで，所得・消費・資産のどれが最も適しているかは議論のあるところである。それゆえ，課税ベースを適切に組み合わせつつ，全体としてバランスのとれた税体系を構築することが望まれている。これが，**タックス・ミックス**の考え方である。

現在わが国の租税は，国・都道府県・市町村がそれぞれ徴収している。国が徴収する租税を**国税**，都道府県と市町村が徴収する租税を**地方税**と呼ぶ。国税では，直接税として所得税，法人税，相続税，贈与税および地価税などの租税がある。所得税，法人税はそれぞれ個人・法人の所得に課される税金で，一般に所得課税と呼ばれている。また地価税は個人・法人が所有する土地等に課される租税で，相続税・贈与税は相続・遺贈・贈与によって取得した財産に課せられ，資産課税に分類される。次に，間接税として多くの人が連想する消費税がある。平成元年4月に導入された消費税は，物品・サービスなどの消費一般を課税対象とする課税ベースの広い間接税である。また，酒税・たばこ税・たばこ特別税や揮発油税なども国税における間接税の1つである。これらの間接税は，いずれも消費課税に分類される。これ以外に直接税または間接税に分類しきれない租税として，契約書や手形などの特定の文書に課される印紙税，外

国からの輸入貨物に課される関税などがある。

国税に地方税を加えた租税収入を国民所得で割ったものが、**租税負担率**である。この比率は、国民が全体でいかなる租税負担を負っているかを示し、国民の租税負担の程度を表す指標となる。わが国の租税負担率は、図表4-2より平成21年度では23.0％となっている。内訳は、個人所得課税7.7％、法人所得課税4.3％、消費課税6.8％、資産課税3.7％である。租税負担率を他の先進諸国と比較すると、最も高いスウェーデンの49.0％の2分の1以下である。さらに、租税負担率と社会保障負担率の合計を**国民負担率**という。この比率は、政府に対する国民の負担を最も包括的に表すものであり、わが国の国民負担率が主要先進諸国の中でかなり低いことがわかる。これは、現在の世代が受益に応

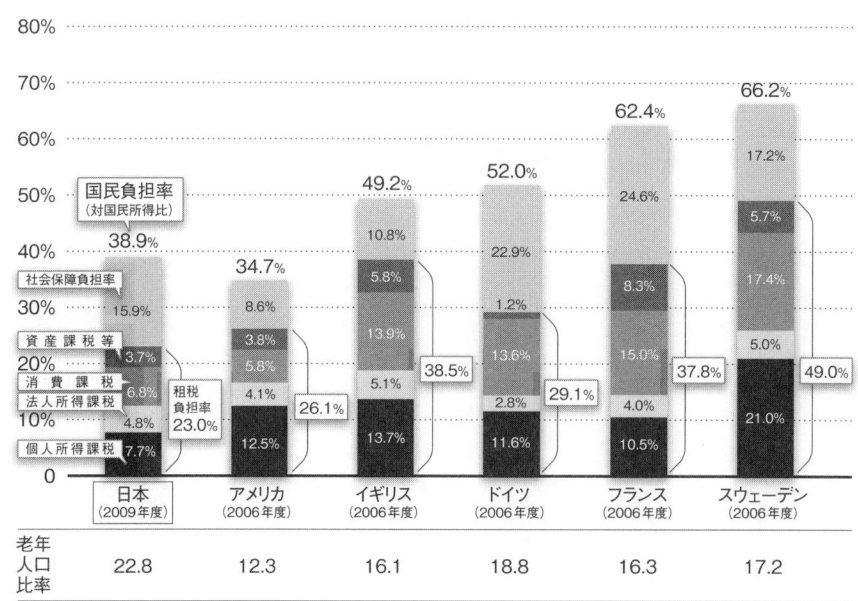

図表4-2　国民負担率の内訳の国際比較（日米英独仏瑞）

| | 日本<br>(2009年度) | アメリカ<br>(2006年度) | イギリス<br>(2006年度) | ドイツ<br>(2006年度) | フランス<br>(2006年度) | スウェーデン<br>(2006年度) |
|---|---|---|---|---|---|---|
| 国民負担率（対国民所得比） | 38.9% | 34.7% | 49.2% | 52.0% | 62.4% | 66.2% |
| 社会保障負担率 | 15.9% | 8.6% | 10.8% | 22.9% | 24.6% | 17.2% |
| 租税負担率 | 23.0% | 26.1% | 38.5% | 29.1% | 37.8% | 49.0% |
| 資産課税等 | 3.7% | 3.8% | 5.8% | 1.2% | 8.3% | 5.7% |
| 消費課税 | 6.8% | 5.8% | 13.9% | 13.6% | 15.0% | 17.4% |
| 法人所得課税 | 4.8% | 4.1% | 5.1% | 2.8% | 4.0% | 5.0% |
| 個人所得課税 | 7.7% | 12.5% | 13.7% | 11.6% | 10.5% | 21.0% |
| 老年人口比率 | 22.8 | 12.3 | 16.1 | 18.8 | 16.3 | 17.2 |

（注）
1. 日本は平成21年度(2009年度)予算ベース、諸外国は、OECD "Revenue Statistics 1965-2007" 及び同 "National Accounts 1995-2006" 等による。
2. 租税負担率は国税及び地方税合計の数値である。また所得課税には資産性所得に対する課税を含む。
3. 四捨五入の関係上、各項目の計数の和が合計値と一致しないことがある。
4. 老年人口比率については、日本は2009年の推計値(国立社会保障・人口問題研究所「日本の将来推計人口」(平成18年(2006年)12月推計)による)、諸外国は2005年の数値(国際連合 "World Population Prospects: The 2006 Revision Population Database" による)である。

じた負担を行わず，将来世代に負担を先送りしていることを意味しているのである。

### ■4.6-4 政府の支出

政府が供給する公共サービスは，市場機構による民間経済では供給されないか，あるいは充分に供給されない。国防・警察・道路・公園などの公共財の供給は，最も良い例である。政府は，これらの公共サービスを効率的に供給するにはどうすれば良いのか考えよう。簡単にするために，個人Aと個人Bから成る社会を仮定する。その社会で，公共財$Y$として公園を供給する場合を考える。まず，個人Aに対して公園サービスの評価を尋ねる。この評価は，政府が公園を供するならば，このサービスに支払っても良いと考える金額（**租税価格**）によって示される。これは個人Aの主観的評価であるけれども，同時に公共財への需要を表す。図表4-3の需要曲線$D_A$は，個人Aの公共財への

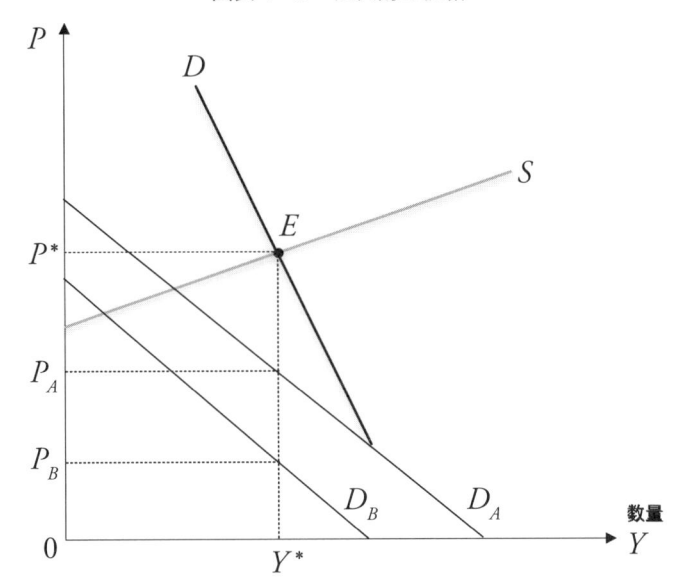

図表4-3　公共財の供給

需要を示している。まったく同様に個人Bについて尋ねたものが，需要曲線$D_B$である。

そこで，個人Aの需要と個人Bの需要を集計することによって，公園に対する社会全体の需要が得られる。この集計が公共財への社会全体の需要となり，それは需要曲線$D$によって示される。一方，政府が公園を供給するためかかる費用が，公共財の限界費用曲線である。これを表すのが，供給曲線$S$に他ならない。需要曲線と供給曲線の一致する点Eが均衡点であり，公共財の最適供給量$Y^*$と公共財の価格$P^*$が決定されるのである。その時，均衡点Eでは，金額（租税価格）$P_A$と$P_B$を合計した社会全体の金額（租税価格）が限界費用に一致する。したがって，公共財$Y^*$の調達に必要な費用$P^*Y^*$は，個人Aの負担額$P_A Y^*$と個人Bの負担額$P_B Y^*$でちょうどまかなわれることになる。このようにして，社会全体に公園という公共財の望ましい供給が実現するのである（**パレート最適**の状態）。

しかし，ここで公共財の供給において指摘される**フリーライダー**（ただ乗り）の問題について述べなければならない。前述したモデルにおいて効率的に公園が供給されたのは，各個人が公共財の評価を正直に表明していたからである。

もし，自己の評価を偽って金額（租税価格）を低く申告すると，自分の費用負担は減少する。たとえば，図表4-3で個人Aが公共財の需要曲線$D_A$を下方に低下させる場合を考えれば良い。この場合，社会全体の需要曲線$D$も低下して公共財の供給を減少させるため，個人Aにも損失が生じるけれども，費用負担の減少がそれを上回る限り利益を受けることになる。これは，自分の選好を過少に申告することによって，他人の提供した公共財の便益を享受することに他ならない。図表4-3では2人から成る社会を仮定しているが，社会の構成員が多くなればなるほど損失よりも費用負担の減少が大きくなる。したがって，社会の構成員が多いほど過少申告のインセンティブは高まるのである。

政府支出の決定は，公共的意思決定によって決定され，その実行は政府の行政組織を通じて実行される。したがって，政府には国民全体の公共の利益を最優先し，あらゆる手段を用いてその実現を図ることが望まれる。だが，政府の

行動は必ずしも合理的ではなく，公共の利益を最大にするよう行動するという期待に答えられるとはいいがたい。いわゆる，**政府の失敗**の可能性があるからである。したがって，政府の活動は常に国民の厳しい監視の下に運営されなければならない。

わが国の一般会計歳出総額は，税収の推移とは異なって，ほぼ一貫して増加し続け，平成21年度約88兆5千億円である。平成2年度以降税収が大幅に減少していたにもかかわらず，歳出はそれ以降もほぼ減少することなく推移してきた。その主要な要因が増大する社会保障関係費である。平成21年度には全体の約48.0％を占めるにいたっている。今後，本格的な高齢社会において年金・医療・福祉といった社会保障関係費の大幅な増加は不可避と思われる。また，公債残高の元利払費である国債費が22.9％，地方政府への財源移転である地方交付税等が18.7％となっている。国の本来の活動を示す一般歳出は，この結果大きく構成比率を下げ，60％を下回る水準となっている。財政赤字の累増の直接的な影響として，利払費などの経常的な支出の増大が，政策的な経費として使える金額を減少させる財政の硬直化といわれる現象が生じてきていることを示している。これは，財政の資源配分機能など本来の機能に支障をきたすこととなるのである。

### ■ 4.6-5 公債累増と財政改革

政府は租税などの収入を集め，政府活動のために政府支出を行っている。政府支出が収入を上回る時，財政赤字が発生することになる。この財政赤字をまかなうために発行されるのが，国債である。わが国では，国債として主に2種類の国債が発行されている。それが，**建設国債**と**特例国債**であることは良く知られている。

そもそも財政法（第4条）では，健全財政主義の点から国債発行や借入金を行うことを原則として禁止している。ただし，例外として公共事業費，出資金および貸付金の財源に充てる場合のみ国債を発行できるとしている。この但し書き規定によって，例外として発行される公債を建設国債と呼ぶ。しかし，昭和50年度以降，税収の大幅な落ち込みから発生した財政赤字は建設国債では足りずに，別の形式で国債を発行する必要に迫られた。それが特例国債である。

そのため年度限りの特例措置として特別の法律を制定して，発行されている。この国債は，経常歳出をまかなう経常歳入の不足を補うために発行されており，実質上の赤字国債に他ならない。それゆえ一般に**赤字国債**と呼ばれているのである。

わが国は，バブル経済の崩壊の過程で経済の実体以上に伸びていた税収が減少し，前年度を下回る年が平成3年度から4年も続くという戦後初めての事態を迎えた。その一方で，深刻化する経済状況に対して，減税や補正予算などの財政措置を含めた経済対策をとったために，わが国の財政は大幅に悪化し，平成8年度には財源手当てのない特例国債（いわゆる赤字国債）を発行することとなった。その後も，一時的に国債の発行抑制が図られることもあったが，依然大量の国債が発行され続けている。

現在，わが国は国と同様に地方公共団体も多くの債務を抱えている。国と地方の債務残高を国内総生産（GDP）の比率として，他の先進諸国と比べてみ

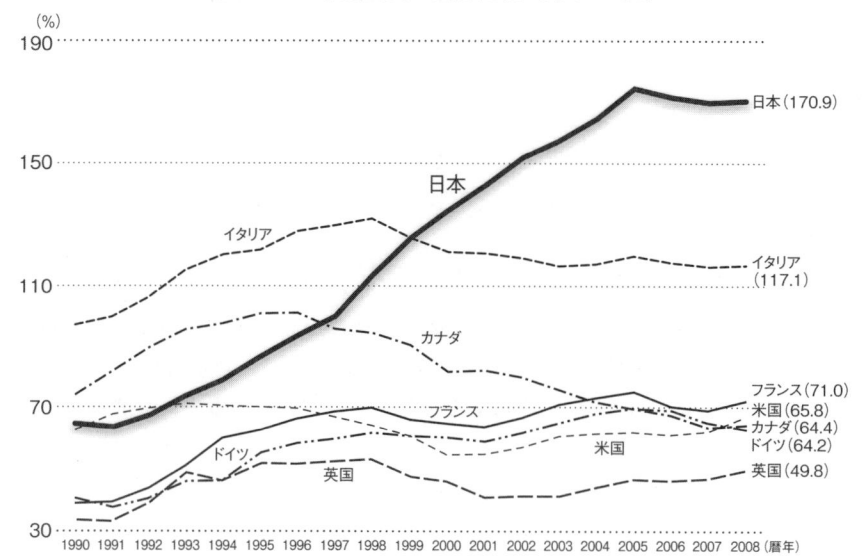

図表4-4　債務残高の国際比較（対GDP比）

日本(170.9)
イタリア(117.1)
フランス(71.0)
米国(65.8)
カナダ(64.4)
ドイツ(64.2)
英国(49.8)

(出典)「Economic Outlook 83号」（2008年6月 OECD）
(注) 数値は一般政府（中央政府，地方政府，社会保障基金を合わせたもの）ベースである。
　　また，OECD統計の債務残高には，国・地方の長期債務残高に加え，政府短期証券や一部の独立行政法人などの債務が含まれる。

よう。図表4-4より，先進諸国において，かつてはわが国と同様に公債累増の問題を抱えている国が多かったが，近年では中長期的に経済成長の阻害要因になると考えて，財政再建に取り組んでいる。対照的に，一人わが国のみ，フローの面で財政赤字を拡大させ，ストック面でも極めて深刻な状況にある。

公債累増の問題点としては，第1に利払費の増加による財政の硬直化があげられる。これは財政の資源配分の機能に支障をきたす。第2に，後世代に元利払いなどの負担を残し，世代間の不公平を生み出すことになる。第3に，公債の大量発行による資金調達が，市場において利子率を上昇させ，クラウディング・アウト効果[1]を及ぼすことである。これを避けようとすると，インフレを生じさせる。第4に，財政政策への内外の信認を失うことにもなるのである。

**財政のサステナビリティー**（持続可能性）を維持することは，これらの悪影響に一定の歯止めをかけ，内外の信認を得ることにつながる。財政のサステナビリティーに対して市場が関心を持つのも，この点にある。そのためには，財政改革が必要不可欠となる。具体的には，(1) 財政のリストラによる効率的な資源配分，(2) 高齢社会に対応した所得再分配，(3) 財政政策による安定化機能の再検討があげられる。

第1に，ますます多様化する財政需要に応えるためには，いかに効率的な資源配分を行うかが大事になる。政府部門にも可能な限り競争原理を活用することによるコスト削減や，公共施設の整備に際しては将来発生するコストを明確にし，得られる便益と比較することによって将来世代の負担に見合うものかどうかを検討する方法が求められるのである。

第2に，高齢社会では，高齢者であることだけでは社会的弱者とはいえないことになる。このような社会では，年齢といった単なる属性だけでは，公的保護を受けることは再考しなければならないであろう。心身ともに元気な人々は，自ら選択し，自己責任で行動することが必要である。本当に公的保護を望んでいる人にのみ所得再分配が行われるべきということになる。

第3に，経済の安定化のための財政政策は，一時的な効果に止まり，期待されていたような効果は得られないというものである。産業構造の変化や，政策発動のタイミングの遅れなどによって，安定化効果が得られない。さらに，公

---

1. 政府支出が民間資金需要を押しのける（crowd out）こと。

共事業にみられるように，むしろ中長期的な経済発展にはプラスとはなっていない場合が多いからに他ならない。

いずれにしても，すでに述べたように巨額の公債残高を抱えているわが国財政の状況を改善し，簡素で効率的な政府を実現するため，財政改革は待ったなしであることは確かである。

## 4.7 金融のしくみ

### ■4.7-1　金融システムとは

今日金融に関するニュースを見たり聞いたりしない日はない。それほど金融がわれわれの生活にかかわりが深いということである。金融といってわれわれがすぐに思いつくのは，お金をもうけたとか損したとかの資産運用だろう。この節ではそういったお金儲けの話ではなく，金融のしくみについて考える。

金融システムという言葉を一度は聴いたことがあるであろう。なんとなく漠然とした言葉でその意味がもう一つ分からない，と考える人は多いに違いない。金融システムとは何か，を説明することから始めよう。

社会には，いまお金をたくさん持っているが当面は使う予定のない人たちがいる。彼らはそのお金を現金で持っていないで，何らかの方法でもっと増やそうと考えるであろう。このときのお金のことをとくに資金という。また，この人たちのことを一般に投資家と呼ぶ。経済学では資金の供給者と呼ぶ。社会の一方には，何かビジネスを始めたいがお金がないので貸してほしいと思っている人たちがいる。この人たちを資金の需要者と呼ぶ。資金の供給者と需要者を結びつけるのが金融の重要な役割である。これら2種類の人たちを結びつけるしくみを金融システムという。

### ■4.7-2　間接金融と直接金融

資金の供給者（投資家）と資金の需要者を結びつけるには，2つの方法がある。それが**間接金融**と**直接金融**である。資金は当然にその供給者から需要者に向かって流れていく。間接金融とは，銀行を通じた資金の流れを言う。つま

# 第4章 国内総生産（GDP）とマクロ経済学

り，銀行が資金の需要者と供給者を結びつける役割を果たすことになる。このことから，銀行を金融仲介機関といったりもする。直接金融とは，証券市場を通じた資金の流れである。これは，分かりやすく言うと，主に証券会社が資金の需要者と供給者を結びつけるやり方である。

このように説明すると，間接金融は銀行が関わって，直接金融は証券会社が関わっているという違いだけではないか，と質問したくなるに違いない。そこにはもっと重要な2つの違いがある。それを次に説明しよう。

### 資金の性質が変わるかどうか

図表4-5を見ていただきたい。間接金融の場合，資金の流れはどのようになるか。たとえば，Aさんが1万円を銀行に普通預金する。また，Bさんが200万円を定期預金する。さらに，C企業が10億円を当座預金する。3人の預金は，金額・満期においてそれぞれ異なる。つまり，この意味で異なる資金が銀行に集まってくる。そこで，銀行はそれら預金を他の預金と一緒にして5年満期の15億円という形で，資金の需要者であるD企業に貸し出す。このように，間接金融では銀行の前後で資金の性質が変わることになる。

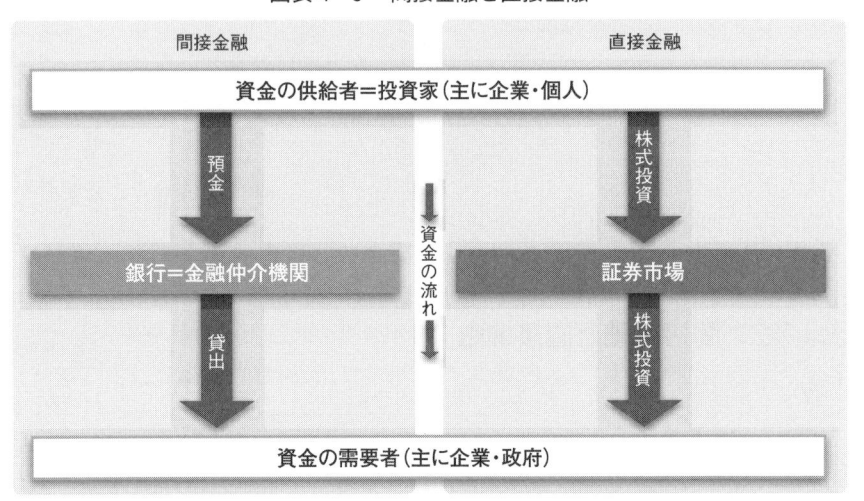

図表4-5　間接金融と直接金融

一方，直接金融の場合はどうであろうか。直接金融の代表例である株式を考えてみよう。いま，E企業が資金を調達するために額面5万円の株式を1万株発行したとしよう。その株式は証券市場を通じて，一般投資家に販売される。この場合，証券市場を通じた後に，E企業の株式がF企業の株式に変わったりはしない。つまり，直接金融の場合には，証券市場の前後でその資金の性質が変わることはない。以上が第1の違いである。

**最終的に損失（リスク）を負担するのはだれか**
　間接金融と直接金融の違いの2つ目は，損失が発生したとき，最終的にその損失を負担する人が異なるということである。間接金融の場合，銀行が15億円を貸し出したD企業が倒産し，その資金が回収不能，つまり不良債権化したとしよう。このようなときでも，銀行はA・B・Cすべての預金者にきちんと預金を返済する。つまり，間接金融では，銀行が最終的に損失を負担する。
　直接金融の場合はどうか。株式を発行したE企業が倒産したとする。そうすると，この株式は事実上紙切れ同然になってしまう。この株式を証券会社から買った投資家は，証券会社にいくらお願いしても買ったときの値段で買い取ってくれたりはしない。すなわち，直接金融の場合には，最終的損失を投資家が負担する。これが第2の違いである。

**ペイオフの問題**
　ただし，銀行が巨額の不良債権を抱えてしまって，銀行自体が倒産した場合の損失負担はどうなるのであろうか。損失を負担するはずの銀行がなくなったのだから，本来ならば預金者への返済はできない。ところが，今日ではこのよ

図表4-6　ペイオフの歴史

| | |
|---|---|
| 1971年4月 | 預金保険法の成立。預金保険機構の設立。ペイオフ100万円でスタート。 |
| 1974年6月 | 保証限度額を100万円から300万円に引き上げる。 |
| 1986年7月 | 保証限度額を300万円から1000万円に引き上げる。 |
| 1996年6月 | ペイオフを一時凍結する（預金は全額保護する）。 |
| 2002年4月 | 定期性預金に関するペイオフを解禁する。 |
| 2005年4月 | 普通預金などの決済性預金のペイオフを解禁する。 |

うな事態に対して預金者を保護するための制度（これを**セーフティー・ネット**という）が準備されている。それは**預金保険制度**である。今日ではこの制度のもと，預金者1人当たり1つの銀行で元本1000万円プラス利息部分まで保護されている。これを**ペイオフ**という。ペイオフの歴史は図表4-6を参照されたい。ペイオフの存在は，すべての預金者の全預金額を保証するものではない。銀行倒産の場合には，預金者の一部は損失を負担しなければならないということである。

### 4.7-3　市場取引と相対取引

間接金融と直接金融という区別は，資金の流れという視点からであった。今度は取引形態から見たとき，次の2つの区別ができる。それは，**市場取引**と**相対取引**（「あいたいとりひき」と読む）である。

市場取引とは，すでに第3章で学んだように，不特定多数の人たちが参加する公開の市場において，そこでの需要と供給によって取引条件（価格と取引量）が決定されるような取引である。その代表例は株式市場である。同じ株式であれば，個人が買おうと，企業や保険会社など大口投資家と呼ばれる人たちが買おうと，いずれも同じ値段である。人によって取引量は違っても価格に違いはない。これが市場取引の特徴である。

相対取引とは，銀行貸出に見られるように，貸し手銀行と借り手が1対1で，話し合いによって取引条件を決める取引である。たとえば，住宅ローンを借りるある家族を考えてみよう。この家族は，銀行の住宅ローンセンターで担当者と借り入れ条件について相談をする。もしもこれまでにその銀行と取引関係，たとえばこの銀行が給与振込先であれば，住宅ローン金利が低くなることがある。このように，相対取引では取引相手によって取引条件が異なるという特徴がある。相対取引で決まる金利をとくに**約定金利**（やくじょうきんり）という。この約定金利は，借り手ごとに異なるので，統計データでは約定金利の平均がとられる。

### 4.7-4　金融の証券化

先に見た間接金融と直接金融は，まったく無関係に存在しているわけではな

い。今日の金融システムは，より複雑化されている。その1つの例が**金融の証券化**である。金融の証券化とは何か。住宅ローンの証券化を例にとり説明しよう。

相対取引で見たように，銀行は30年満期でその家庭に住宅ローンを貸し付けたとしよう。正確には，銀行は住宅ローン債権を借り手に供給したという。銀行は30年後でなければ貸し付けた資金の全額を回収できないことになる。その間に借り手が返済不能に陥るというリスクを銀行はつねに抱えている。実は，銀行はこのリスクを回避し，しかもこの資金をすぐに回収する方法がある。それが住宅ローンの証券化である。

銀行は，この住宅ローン債権を担保にして，新たに証券（これを住宅ローン担保証券という）を作り，それを投資家に販売する。投資家は，住宅ローンの借り手が支払う元金と利息を受け取る。このように，銀行と住宅ローン借り手の間の関係が，住宅ローン借り手と投資家との間の関係に移ることになる。これを**市場型間接金融**と呼ぶこともある。2008年9月，アメリカに端を発した世界的金融危機の原因も，この住宅ローンの証券化，とくに**サブプライム・ローン**という信用度の低い人に貸し出される住宅ローンの証券化にあった。

### ■4.7-5　金融における中央銀行の役割

金融における中央銀行の役割について説明しておこう。日本の場合，中央銀行は**日本銀行**であるので，以下日本銀行の行動について見ていく。

**金融政策**

日本銀行の役割の第1は，**金融政策**を行うことである。金融政策の目標は，(1) 物価の安定，(2) 適切な雇用水準の維持，(3) 経済成長の維持，(4) 為替レートの安定化，である。このうち，日本銀行が最も重要視してきたのが物価の安定である。日本銀行は唯一の発券銀行として日本銀行券を発行している。物価の安定は，同時に貨幣価値の安定でもある。ただ，物価は低ければ低いほど良いわけではなく，ある程度の物価の上昇を容認しながら，経済成長や雇用水準の維持を達成しなければならない。

このような目標を実現するために日本銀行が行う金融政策の手段として，

(1) **日本銀行貸出**, (2) **債券・手形オペレーション**, (3) **必要準備率操作**, がある。

　日本銀行貸出とは, 社会が必要とする貨幣を日本銀行が民間銀行に貸し出すことである。民間銀行がそのおカネを企業などに貸し出すことによって, 社会に貨幣が流通していく。日本銀行が民間銀行に貸し出す際の金利を**公定歩合**という。今日, 日本銀行が貨幣の民間への供給ルートとして主に利用しているのが, **コール市場**という金融機関のみが利用できるきわめて短期の資金を取引する市場である。この市場で決まる金利はコールレートと呼ばれる。そこで, 今日では公定歩合は, 日本銀行の金融政策の方向を示すための手段としての意味しか持ちえなくなっている。たとえば, 公定歩合の引き上げを公表したとすると, それは日本銀行が今後金融を引き締めるという方針を示したことを意味する。このような公定歩合の働きを**アナウンスメント効果**という。

　債券・手形オペレーションとは, 次のような内容である。社会の貨幣量が不足気味になると, 日本銀行は銀行などが保有する国債などの債券や手形を買い取り, それによって貨幣を社会に供給する。これを買いオペレーションという。逆に社会の貨幣量が増え気味になると, 今度は日本銀行が債券や手形を売ることによって社会から貨幣を吸い上げる。これを売オペレーションという。

　必要準備率とは, 準備預金制度のもとで, 民間銀行が保有する預金額に対して日本銀行の当座預金に持っていなければならない準備額の比率である。必要準備率操作とは, この比率を政策的に変更することによって, 民間銀行の企業などへの貸出態度に影響を与えようというものである。

### プルーデンス政策

　日本銀行のもう一つの重要な役割は, 金融システムの安定を維持するということである。このための政策を**プルーデンス政策**, あるいは**信用秩序維持政策**という。金融機関が相次ぎ倒産するようになった今日では, 金融政策と同じくらいプルーデンス政策の重要性も増している。日本銀行によるプルーデンス政策とは何か。その具体的内容としては, (1) **日銀考査**, (2) **日銀特融**, がある。

　**日銀考査**；日本銀行は, 金融システム安定化のためにつねに民間銀行を監視

する役割を担っている。これをモニタリング機能という。日銀考査とは，民間銀行の経営状態をチェックするために行われる訪問実地調査である。

**日銀特融**；民間銀行が銀行取り付けにあったときなどのように緊急に大量の貨幣需要が発生すると，日本銀行は**最後の貸し手**として，それに応じなければならない。この機能が日銀特融である。

なお，プルーデンス政策を行う機関には，日本銀行のほかに金融庁，預金保険機構，さらに，国際機関として国際決済銀行（BIS）などがある。

## 4.7-6 金融システム崩壊はなぜ起きるのか

金融システムの崩壊とは，ある銀行が何らかの原因で経営破綻した場合，それが他の銀行にも飛び火し，連鎖的に銀行が経営破綻に追い込まれ，社会全体の金融機能が完全にストップする状態である。もちろん，預金引き出しはできなくなる。銀行が次々に破綻するさまはまるで，映画の一シーンのようであるが，現実に起こる危険性はいつもある。このような銀行間での破綻の連鎖は，**伝染効果**と呼ばれ，それによるリスク（危険）を，**システミック・リスク**という。

金融システムの崩壊，あるいは金融システム不安は，なぜ起こるのか。その要因の1つが，銀行取り付けである。英語では，これをバンクラン（bank run）と呼ぶ。まさに，銀行に駆けつけるということである。とくにこの取り付けが大きな混乱を伴う場合を，**取り付け騒ぎ**と呼ぶ。

預金者の行動を想像してみよう。「あの銀行が破綻するらしい」という情報が流れた場合，そこに預金している預金者はいっせいに預金の引き出しに向かうであろう。それだけでは終わらない。その様子をテレビで見ていた他の銀行の預金者も，「ひょっとして，うちの銀行も危ないのでは」という不安に駆られ，やはり預金引き出しに走るであろう。このような預金者の行動を，経済学ではハードビヘイビア（herd behavior），日本語では**群衆行動**あるいは**横並び行動**という。このような行動は，たとえペイオフが凍結され，預金が全額保護されたとしても生じうる。なぜなら，預金者はその事実を完全には知り得ない場合があるからである。つまり，預金市場に情報の不完全性があるからである。

### 自己資本比率の重要性

　銀行取り付けが生じる危険性があるのは，本来経営状態の悪い銀行である。経営状態の良し悪しは，何で測られるのか。それを測るモノサシが，銀行の**自己資本比率**である。銀行における自己資本比率とは，貸出などで運用している資金のうち，銀行にとって返済しなくてよい資金（これを自己資本という）がどれくらいあるかを示したものである。返済しなくてよい資金が多くあれば，その銀行はたとえ不良債権（貸し出した資金のうち回収不能な資金）がでたとしても，預金者などには返済できるので，今までどおり安心して活動ができるわけである。

　実は，銀行取り付けは経営状態が悪い銀行のみに生じるわけではない。健全な銀行でもその危険性はある。それは，「悪いうわさ」いわゆる「**風説の流布**」が生じるケースである。

### 金融システムの維持にはコストがかかる

　金融システムの崩壊は，銀行が倒産するだけにとどまらない。金融取引がストップすることによって，経済活動全体がうまく働かなくなり，失業が増大し，景気停滞が生じる。このことは，われわれが過去何回か経験し身を持って知っている。第3章で見たように，市場に任せていては，市場がうまく機能しない状態を市場の失敗というが，金融システム不安もその1つの例である。

　何の金融不安もない平常時には忘れがちだが，金融システムを維持するには莫大なコストがかかっているということである。前述したように，日本銀行をはじめとしてプルーデンス政策を行う公的機関は，つねに金融システムの動向を監視している。ひとたび，金融システム不安が生じれば，その崩壊を防ぐために，日銀特融や**公的資金**の導入を行う。これら資金は基本的には国民の税金である。何兆円という税金を投入して銀行を救済する目的は，金融システムの崩壊を防ぐことにある。それゆえ，たとえ民間金融機関であろうとも，その経営者は公的役割を担っていることを強く認識すべきである。

☕ コーヒーブレイク

## *Coffee Break* 日本銀行豆知識

　日本銀行については国民誰もが知っているだろう。それはお金（日本銀行券）を発行しているところだから。しかし，この日本銀行の組織についてはわれわれも知らないことがたくさんある。

　実は，日本銀行は株式会社形態をとるれっきとした民間銀行である。本来ならば「株式会社日本銀行」あるいは「日本銀行株式会社」と呼んでもよさそうであるが，誰もそんな呼び方はしない。株式会社であるからには，株式を発行しているはずである。日本銀行の資本金は1億円であるので，それだけの株式が市場に出回っているはずである。

　日本銀行の株式は正確には株式とは言わず，「出資証券」と呼ばれる。日銀株は現在東京証券取引所のジャスダック（旧店頭市場）に上場されている。額面は100円で，取引最低口数は100口から。日銀株の市場価格はおよそ6万円（2009年7月現在）であるので，購入するには最低でも600万円必要になる。株式の55％をつねに政府が保有しているので，その意味で日本銀行は政府の銀行ということができる。民間の株式会社のような株主総会はなく，株主は1株当たり5円の配当を受け取る権利しかない。最高の意思決定機関は日本銀行政策委員会である。

　日本銀行が発行するお金は紙幣あるいは日銀券と呼ばれる。要するに，それは紙切れに過ぎない。なぜ，そのような紙切れを私たちは喜んで受け取るのであろうか。よく考えると，これはナゾである。ある人は，もしこれを受け取らなければ法律で罰せられるから，というであろう。これを「強制通用力」という。しかし，どのような法に触れるのかまったく知らない。

　強制通用力のもとでのみ流通する紙幣に「軍用手票（略して軍票）」がある。軍票は，戦争時に軍隊が戦費調達のために，現地で発行した一種のお金である。現地の人々はもしそれを受け取らなければ，背後に鉄砲が控えているので，しぶしぶ受け取った。敗戦で軍隊がなくなると，軍票はたちまち紙切れになった。日本銀行の隣にある「日本銀行貨幣博物館」では，世界の貨幣と同時に，旧日本軍が発行した軍票を見ることができる。

# 第5章 グローバル社会と国際経済

## 5.1 国際貿易と多国籍企業の活動

### ■5.1-1 国際貿易

「**貿易**」という用語を辞書で調べると次のような二つの説明がされている。①国際間の商品の取引。輸出と輸入の総称。②互いに財貨を交換して取引を行うこと。ここで扱う貿易は①の意味であるが，②の場合も"国際"とつけることにより，①と同じ意味になる。

例えば，日本のトヨタがアメリカへ自動車を輸出し，逆に日本の会社がアメリカのボーイング社からジェット機を輸入する。こういう経済活動のことを国際貿易あるいは単に貿易という。

それではどういう商品が輸出や輸入の対象となるのであろうか。輸入国（買う側）の立場に立つとわかりやすい。輸入する国は，自国で生産できない商品を輸入している。あるいは自国で生産することができても，他国の商品の方が品質やデザインが優れていたり，価格が安かったりする場合には輸入する。より具体的な例を挙げると，石油を産出できない国が石油を輸入し，自動車を生産することができても，輸入車をほしい人がいる国は輸入する。

それでは日本がどのような商品を輸出・輸入しているのか見てみよう。統計は2008年の『貿易統計』による。輸出額の第1位は自動車（17%），第2位は電子部品（5.7%），第3位は鉄鋼（5.6%）であり，輸入額の第1は原油（20.6%），第2位は液状天然ガス（5.9%），第3位は石炭（3.9%）である。

このように，日本は輸出に占める自動車の比率が極めて高いことがわかる。これに自動車部品の輸出（3.8%）を加えると，自動車関連は全輸出額の20%を超える。他方，輸入では原油が20%を超え，それに天然ガス，石炭と続き，日本はエネルギーの海外依存が極めて高い国であることがわかる。またこのほ

かにも日本は多くの原料を輸入している。それは日本が天然資源に恵まれていないためである。このように輸入した原料を自国で製品に加工して輸出する形態の貿易を**加工貿易**という。

以上は「財」あるいは「財貨」の国際的取引である。実は国際取引にはこの財あるいは財貨の取引以外にも「サービス」（運輸・通信・特許など）の取引がある。近年このサービスの国際取引額が大きくなり，重要性を増しているが，このことの詳しい学習は国際経済学や貿易論において扱われる。財とサービスはどこが違うのか，企業にとってサービス取引はどのような役割をもっているかなど，議論すべき論点は多い。

次に日本の貿易相手国はどのような国なのか見てみよう。2007年の統計で見ると，日本の輸出先第1位はアメリカ（20.4％），第2位は中国（15.3％），第3位は韓国（7.6％）である。輸入先では第1位中国（20.5％），第2位アメリカ（11.6％），第3位サウジアラビア（5.7％）となっている。輸出額と輸入額を合計した金額でみると，2007年には日本の最大の貿易相手国（輸出額＋輸入額）はアメリカではなく中国であり，アメリカとの貿易は第2位である。現在の日本が，中国とアメリカとの貿易に強く依存している姿がここに明らかであり，これらの国とどのように付き合っていくかは，今後ますます重要になる。

中国の経済成長と貿易の伸びは著しい。中国の輸出額は6年連続して20％超の成長を記録し，世界貿易のけん引役となり，アメリカを抜いて世界第2位の輸出国となった。ちなみに輸出額第1位はドイツである。このことは意外に思えるかもしれないが，EU（ヨーロッパ連合）の中では貿易が盛んであり，ドイツは自動車など国際競争力のある製品を輸出しているのである。

現在**BRICs**という用語が注目されている。これはBrazil, Russia, India, Chinaの4カ国の頭文字を取って作った用語である。経済成長著しいこれらの国（新興国）は，貿易額も急増させ，世界経済に大きな影響を与える存在となりつつある。

ここで貿易の分類について簡単に触れておく。1つは垂直貿易と水平貿易である。**垂直貿易**とは，一方の国からは工業製品が輸出され，他方の国からは原材料が輸出されるパターンの貿易をいう。

これに対して**水平貿易**とは工業製品が双方向に取引されているパターンの貿

易のことである．一般に，垂直貿易は先進国と発展途上国の間の貿易を，水平貿易は先進国間の貿易を特徴づけるものとされている．

水平貿易の中でもとりわけ同一産業の製品が取引される貿易を**産業内貿易**という．ドイツから自動車を輸入し，また日本がドイツに自動車を輸出するという貿易のことである．これとは逆に異なった産業の製品取引のことを産業間貿易という．

ここで**貿易収支**という用語について説明しておくと，貿易収支＝輸出額－輸入額である．この貿易収支がプラスの時を貿易黒字といい，マイナスの時を貿易赤字という．そしてゼロの時は貿易収支均衡という．なお貿易収支は純輸出と表現されることもある．

ちなみに，現在の日本の貿易収支は黒字，アメリカは赤字である．黒字とは輸入額よりも輸出額が多い状態，そして赤字とは輸出額よりも輸入額が多い状態をさす．ゆえに，貿易黒字の場合はより多くのお金が黒字国に流入することになり，貿易赤字国はより多くのお金がその国から流出することになる．

この貿易収支の黒字や赤字が，その国や世界経済にとっていかなる意味を持つかについて，より詳しい学習は国際経済学や貿易論で取り扱われる．

## ■5.1-2　GATT/WTO と FTA・EPA

国際貿易がどうあるべきかについて，これまで論争が繰り返されてきた．それは「**自由貿易主義**」と「**保護貿易主義**」の論争であった．

歴史的にみると，国際競争力の強い産業あるいは製品を持っている国は自由貿易を主張し，逆に国際競争力の弱い産業・製品しかもっていない国は保護貿易を主張してきた．

第2次世界大戦後の国際貿易の支配的立場は自由貿易主義である．これは1930年代に生じた「**近隣窮乏化政策**」（関税を引き上げたりすることによって，自国の輸出を奨励し，輸入を抑制することによって不況を相手国に押しつける政策）が，ブロック主義経済を経て，第2次世界大戦につながったということに対する反省から生まれたものである．

自由貿易主義は第2次大戦後に，**GATT**（関税と貿易に関する一般協定）という形で具体化された．GATTは世界各国が貿易を自由化し，輸出入を拡大

することを目的に結ばれた国際協定であり，日本の加盟は1955年である。

　このGATTは「自由・無差別・多角」を3原則としている。この原則は**WTO**（世界貿易機関）にも引き継がれている。自由原則とは保護貿易に反対する立場，無差別原則とは差別的な貿易政策に反対する立場，そして多角原則とは孤立主義に反対する立場である。

　これらのことを実現するために，自由原則として関税の引き下げや輸入数量制限の禁止を導入，無差別原則として最恵国待遇（GATT加盟国の商品を差別しない）と内国民待遇（GATT加盟国の商品を国内の商品よりも不利に扱わない）を導入，そして多角原則として多国間での交渉（ラウンドと呼ぶ）制度を導入した。

　自由貿易の理念を掲げたGATTの影響力がどうであったかは，加盟国数の推移を見るとよくわかる。1947年にGATTは23か国でスタートしたが，WTOに引き継がれる1995年には125か国にまで増大した。そして2008年には151か国がWTOに加盟している。このような推移を見れば，自由貿易主義の理念を掲げたGATT/WTOは，国際的支持を獲得し，成功したということができよう。

　しかし，GATT/WTOにおいては自由貿易主義的措置のみが実行に移され，保護貿易主義的措置が完全に排除されたのかといえば，そうではなかった。

　GATTにおいて自由化の対象とされたのは主に鉱工業製品であった。農産物やサービスや知的所有権（特許など）の国際取引は自由化の対象から除外されていた。また鉱工業製品の自由化に関しても，保護貿易的措置を認めていた。例えば，輸入量の急増によって自国産業が損害を被った時には，各国政府が関税を引き上げたり，輸入制限をしたりすることが認められていたのである。これをセーフ・ガード（緊急輸入制限）というが，このセーフ・ガードは先進国によって度々利用され，貿易摩擦の要因となってきた。これ以外にも，ダンピングや補助金による輸出に対しては，相手国商品に関税を課すことが認められていたし，発展途上国が開発のために輸入制限を実施することも認められていたのである。さらには，2国間や少数国間での関税同盟や自由貿易協定という保護主義的措置も例外的に認められていた。かつてのEEC（欧州経済

共同体）や現在のNAFTA（北米自由貿易協定）などはその例である。また発展途上国にも自由貿易に対する猶予が認められていた。

このように，GATTは各種の保護貿易措置を認めることによって，各国の利害と自由貿易原則を共存させてきたのである。しかしGATTが成功したのは，このようなルールの寛容さだけにあったわけではない。それに加えて，世界最大の市場であるアメリカが，自国市場を開放してきたことが重要である。もっともその背景には，旧ソ連を中心とする社会主義陣営との対抗上，同盟国を増やす必要があったこと，また国際競争力のあるアメリカ商品の販売先を確保したいという政治的・経済的事情が存在していた。

1995年のWTO発足によって，それまで交渉対象としてこなかった農業やサービスなどが貿易自由化の対象となった。しかしこれを実現するための交渉（ドーハ・ラウンドという）は行き詰まりを見せている。そこで登場したのが，GATT/WTOで例外的に認められている**FTA**（自由貿易協定）や**EPA**（経済連携協定）である。これは2か国あるいは数か国のみの間で貿易を自由化しようとする協定であり，自由，無差別，多角を理念に掲げるWTO原則に反する協定ともいわれている。

しかしそれに対しては，少数の国で自由貿易をおこなうこと，そしてその対象国を徐々に拡大することによって，自由貿易主義は実現されるという理由で，WTOの理念と矛盾しないと主張されている。

### ■5.1-3　比較優位と貿易の利益

国際貿易は各国に利益をもたらすとされているが，それはなぜなのか。D.リカードはこの問題を解明したとされており，その理論は「**比較優位説**」（あるいは「**比較生産費説**」）といわれている。以下，具体例をあげながら説明してみよう。

図表5-1は国際貿易を行っていない状態で，日本とアメリカが自動車を各々100台（計200台）と小麦を各々100t（計200t）の生産をし，そしてその生産に各々が必要とする労働量を表している。

日本では自動車100台を生産するのに10の労働量を必要としている。これに対してアメリカは100台を生産するのに，日本の2倍である20の労働量を必要

# 第5章 グローバル社会と国際経済

図表5-1 国際貿易を行っていない状態

|  | 自動車100台を生産するのに必要な労働量 | 台数 | 小麦100tを生産するのに必要な労働量 | t |
|---|---|---|---|---|
| 日本 | 10 | 100台 | 12 | 100t |
| アメリカ | 20 | 100台 | 15 | 100t |
| 合計 | 30 | 200台 | 27 | 200t |

としている。また小麦100tの生産においては，日本が12，アメリカが15の労働量を必要としている。どちらも日本の方がアメリカよりも少ない労働量で同一のものを生産できており労働効率がよい。このような場合，日本は自動車生産においても小麦生産においても，アメリカに対して**絶対優位**にあるという。

つまりある財を生産するときに，より少ない労働量しか必要としない（労働効率が良い）生産国は，その財の生産に関して絶対優位を持っているという。

これに対して比較優位という考え方が存在する。絶対優位は異なる国の同一製品の生産における労働効率を比較しているのに対し，比較優位は同一国の異なる製品における労働効率を他国のそれと比較する。労働効率の良い方，つまりより少ない労働量でより多く生産できる方へその国の労働を向けること（これを特化という）により，全体としてより多くの製品を生産できるようになる。これは少しわかりにくい説明である。これを理解するために，比較優位製品への特化によって生じる変化を具体的に見てみよう。そのことを行ったのが図表5-2である。

日本が自動車に特化する（小麦の生産をやめる）と，自動車生産に投入される労働量は22（10＋12）となる。他方アメリカが小麦に特化する（自動車の生産をやめる）と，小麦生産に投入される労働量は35（20＋15）となる。このように各国がより効率の良い製品に特化することにより，2カ国合計で自動車の生産は200台から220台へ，小麦の生産は200tから約233tへ増加する。これは比較優位な製品に特化することにより，両国合計で以前よりも多くの商品を生産できることを意味する。そして多く生産できたものをお互いに貿易すること

図表5-2　比較優位製品に特化した場合

| | 自動車生産に投入された労働量 | 台数 | 小麦生産に投入された労働量 | t |
|---|---|---|---|---|
| 日本 | 10+12=22 | 220台 | 0 | 0t |
| アメリカ | 0 | 0台 | 20+15=35 | 233t |
| 合計 | 22 | 220台 | 35 | 233t |

により両国ともメリット（より多くの商品を手に入れる）を享受できる。

　このような比較優位のメカニズムは一見奇異にみえるかもしれない。しかしこれは分業のメリットと同じことである。分業は各人がすべての仕事をするのではなく，自分が比較的得意な分野に特化することにより，社会全体としてみるとより多くのものを生産できる機能のことである。これを国と国との分業関係に適用したのが比較優位説である。

　このことをはっきりさせるために，図表5-2とは逆に日本とアメリカが比較劣位製品の生産に特化した場合を図表5-3で見てみよう。

　アメリカが自動車生産に特化すると，図表5-1の状態と比べて，自動車生産は200台から175台へ，また日本が小麦生産に特化すると小麦は200tから約183tへ減少する。これでは特化することから両国とも利益を得ることができない。比較優位に特化した図表5-2に比べると，生産できる自動車と小麦の量の差は一層大きい。

　このように見てくると明らかなように，各国とも比較優位製品に特化し，より多く生産したものを輸出することにより利益を得ることができるのである。これは国際分業の利益である。ここではわかりやすいように具体例を挙げたが，より一般的な場合にも比較優位の議論は成り立つ。それについては，より進んだレベルで学習することになる。

　しかしこの比較優位の議論にはいくつかの問題が存在する。例えば図表5-2の例で考えると，アメリカは比較劣位にある自動車産業を永久に持つことはできないことになるし，同じように日本も比較劣位にある小麦の生産に着手で

図表5-3　比較劣位製品に特化した場合

| | 自動車生産に投入された労働量 | 台数 | 小麦生産に投入された労働量 | t |
|---|---|---|---|---|
| 日本 | 0 | 0台 | 10+12=22 | 183t |
| アメリカ | 20+15=35 | 175台 | 0 | 0t |
| 合計 | 35 | 175台 | 22 | 183t |

きないことになる。これは上記の状態が，資本の移動や技術革新の進展などによる生産性の向上（生産に必要な労働量の減少）を考慮していないからである。比較優位を固定的に捉える比較優位説では，既得権益（比較優位な産業）を固定化することになってしまう。

これではあまりにも非現実的であるし，ある時点での比較優位産業を持つ国にのみ有利な議論である。そこで，このような比較優位に基づいた自由貿易主義に対して，比較劣位にある産業を保護することを認める説もある。それは**「幼稚産業保護論」**と呼ばれている。ある産業が比較劣位にあっても，その産業が幼稚な水準にあると判断されるときには，そのような産業を保護することは正当化されると考えるのである。

## ■5.1-4　多国籍企業の活動

経済学では「家計」「企業」「政府」を3つの経済主体という。家計は消費活動を，企業は生産活動を，そして政府は公共サービス活動を行っている。経済主体の区分はこのような経済活動の違いに基づいている。

この3つの経済主体の中で，国境を越えて海外で最も活動しているのは企業である。トヨタやソニーの本社は日本にあるが，これらの企業はアメリカや中国など他の国に子会社を持ち，生産や販売活動を行っている。このような「本国を含めて2つ以上の国で事業活動を行う企業」のことを**多国籍企業**と呼ぶ。

この多国籍企業の活動は，貿易面でも**企業内貿易**という新たな現象を生み出した。これは同一企業内で国際的取引を行う事態を指している。例えば，トヨ

タ自動車がタイにあるトヨタの工場でつくったエンジンを日本で生産する自動車に組み込むために輸入した場合，トヨタは企業内貿易を行っているという。現在，世界貿易の約3分の1はこの企業内貿易だと言われている。

　ここで多国籍企業の活動を理解するために「**海外（対外）直接投資**」という用語を学んでおく必要がある。海外（対外）直接投資とは，海外での企業経営に直接参加するための投資であり，これに対して**証券投資**（間接投資）とは，経営の参加には関心がなく，利子や配当の受け取りに関心のある投資のことを指す。ゆえに，海外に支店や工場を開設したり，外国企業を買収（株式の一定割合以上を保有する）したりすることは海外直接投資ということになる。

　この場合，海外に新会社を設立する投資を**グリーン・フィールド投資**といい，すでにある外国企業を合併・買収する投資のことをM&Aという。確かに，商習慣や法律の異なる外国において新会社を立ち上げることは大変な作業である。そこですでにある企業を自分の子会社にすることのほうが手っ取り早い。このような国境を越えたM&Aを国内のM&Aと区別するために，**クロス・ボーダーM&A**ということもある。

　企業が海外直接投資を長い間続けていると，その累積額（ストック）は大きくなる。図表5-4はそのことを見たものである。

　ここからアメリカとイギリスの企業が海外直接投資を行い，その結果，莫大な資産を海外に持っていることが分かる。またこの表は，多国籍企業が海外において多くの労働者を雇用していることも示している。トヨタ自動車は海外において10万人以上の労働者を雇用している。

　海外直接投資は，貿易にも多大な影響を与える。日本の自動車会社は当初アメリカへ自動車輸出していた。しかし，日本車があまりにも売れ行きがよく，アメリカの自動車が売れず，アメリカ企業がアメリカ人労働者を解雇せざるを得なくなると，日米間で貿易摩擦が生じることになった。それは1980年代のことである。そこで日本の自動車メーカーは，アメリカに工場を作り，アメリカ人の労働者を雇い，日本からの輸出を減らし，アメリカで自動車を生産・販売する戦略に転換した。このことによって貿易摩擦は緩和された。

　ところでこの海外（対外）直接投資に対しては2つの異なった見解が存在している。1つは外国企業を敵対視する立場である。その場合には自国への海外

## 第5章 グローバル社会と国際経済

図表5-4　非金融多国籍企業の海外資産ランキング（2005年）

| | 多国籍企業名 | 海外資産（億ドル） | 海外雇用（万人） |
|---|---|---|---|
| 1 | ゼネラル・エレクトリック（米） | 4,127 | 15.5 |
| 2 | ボーダフォン・グループ（英） | 1,964 | 5.1 |
| 3 | ゼネラル・モーターズ（米） | 1,753 | 19.4 |
| 4 | ブリティッシュ・ペトロリアム（英） | 1,612 | 7.8 |
| 5 | ロイヤル・ダッチ・シェル・グループ（英・蘭） | 1,513 | 9.2 |
| 6 | エクソン・モービル（米） | 1,439 | 5.3 |
| 7 | トヨタ（日） | 1,317 | 10.8 |

（出所）United Nations, *World Investment Report 2007*, p.299.

からの直接投資（**対内直接投資**）を排除しようとする。そこでは国内企業の保護が優先される。その典型は軍需産業であり，自国の安全保障のために外国企業による合併や買収を禁止する。もう1つは外国企業を歓迎する立場である。外国企業が国内に入ってくることにより，国内企業が資金・技術面で強化され，それゆえに経済的利益がもたらされるとみなす。近年は後者の流れが主流となりつつあり，多くの分野で規制が緩和され，対内直接投資が行われるようになっている。

図表5-5　GDPに占める対内直接投資ストック比率

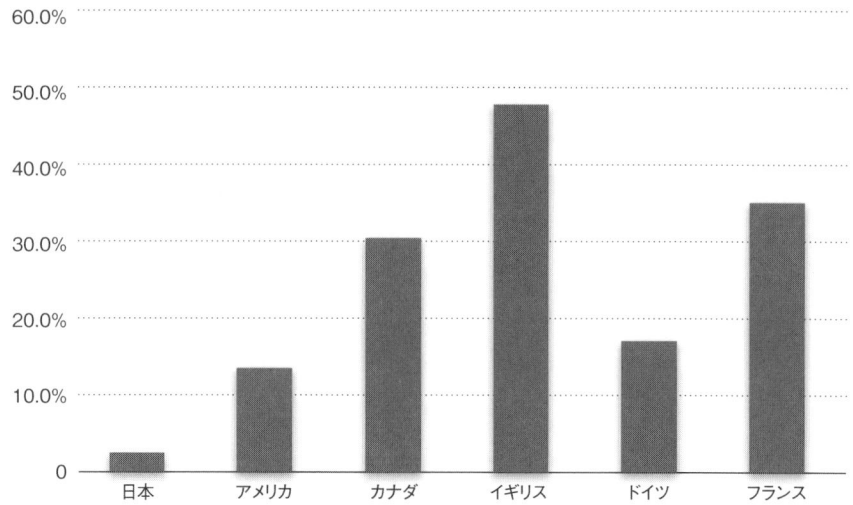

（出所）United Nations, *World Investment Report 2007*, p.259より作成。

図表5-5は主要国が海外からどの程度直接投資を受け入れているか，すなわち対内直接投資の累積額を見たものである。統計は2006年のものである。
　GDPに占める対内直接投資ストック比率は，経済規模に比して日本の受け入れが極めて少ないことを示している。そこで日本政府は1994年に「対日投資会議」を設置し，諸外国から日本への直接投資を歓迎する声明を発表し，対日直接投資促進政策を実施し始めている。これはバブル経済（1986年－91年）崩壊後の景気対策手段として重視されてきた。

## 5.2 国際収支統計とマクロ経済

### ■5.2-1　国際収支統計の見方

　財・サービスの取引は国内にとどまらず，諸外国との間で国際的に行われている。たとえば，ある国で生産された工業製品を他国へと輸出すれば，それは，実物経済面からみれば，当該国の有効需要の構成要素の1つであるから，輸出の増加はその国のGDPを増加させる。ただし，こうした財貨の国際的取引では，同時に必ず代金の決済も国境を超えて行われている。こうした実物面および金融面の両方での国際的な経済取引をすべて網羅的に記録したものが，国際収支統計である。
　国際収支統計とは，ある一定期間に，ある経済圏（国または地域）の居住者とそれ以外の経済圏の者との間でおこなったあらゆる対外経済取引活動を体系的に記録した統計である。日本では，財務省および日本銀行が共同で国際収支統計を公表している。一国の経済活動のうち，諸外国との国際的取引については，大きく次の3つに分けられる。第1に，財およびサービスの貿易である。これは，国際収支上では，**経常収支**に計上される。第2に，通貨以外の金融資産・負債の取引である。これらは，**資本収支**に計上される。第3に，通貨それ自体の取引であるが，これは，**外貨準備増減**という項目に計上される。国際収支統計の特徴の1つは，複式計上方式に基づいている点である。まず，経常収支においては，受取（左側）または支払（右側）に金額が記入され，受取から支払を差し引いた額が経常収支尻となる。経常収支では，プラスの計数の場合

を黒字，マイナスの計数の場合を赤字と呼ぶ。他方，資本収支においては，資産（左側）および負債（右側）に分かれてそれぞれの増減が計上され，両者の増減のネット額が資本収支尻となる。資本収支上のマイナスの計数を「流出超」（我が国から海外へ資本がネットでより多く流れている状況）と呼び，プラスの計数を「流入超」と呼ぶ。そして，国際収支は，経常収支尻，資本収支尻と外貨準備増減の合計の収支尻が常にゼロになるように作られている。この複式計上の関係式は，統計上の誤差がない場合には，次式のようになる。

経常収支尻＋資本収支尻＋外貨準備増減＝0
∴経常収支＝－（資本収支＋外貨準備増減）

　上式の意味は次のように理解できる。国際取引では，まず財貨の貿易が経常収支において記録される。もし，日本からの輸出量が輸入量を上回ると，経常収支尻が黒字となる。この黒字分は，外国において日本が日本製品などを売って得た外貨の獲得分を意味する。資本収支においては，その外貨獲得分が，直接投資や，諸外国への証券投資として利子・配当を得るべく資金運用に回るか，海外への貸付の増加とするか，あるいはそのまま外貨準備の増加分となる。資本収支は，いわば経常収支上で得た黒字額から生じる資産の増加分の資産運用上の構成を表わしているものとみなせばよい。
　注意すべきは，日本のような経常収支黒字国は，資本収支尻がマイナスの計数表示となっていることが一般的であるが，それは資本の流出（すなわち資産の増加または負債の減少）を示しているのである。したがって，資本収支がマイナスの計数と言っても，それは諸外国へ資金の貸付を行っているか，外国の有価証券へ投資しているという意味であって，その分だけ日本の対外資産増を意味しているのである。
　さて，図表5-6は，2007年の日本の国際収支統計をまとめたものである。経常収支は，さらに貿易収支，サービス収支，所得収支，経常移転収支の4つに分類される。具体的には，まず財貨の取引は，貿易・サービス収支尻に計上される。たとえば，日本からの財の輸出額は左側の受取に計上され，輸入額は，右側の支払に計上される。輸出額が輸入額を上回れば，受取から支払を差

図表5-6　我が国の国際収支（Balance of Payments：2007年：単位／億円）

|  | 受取 | 支払 | 収支尻 | (英語表記) |
|---|---|---|---|---|
| ①経常収支 |  |  | 247,938 | Current Account |
| 　(a)貿易・サービス収支 |  |  | 98,253 | Goods & Services |
| 　　(a-1)貿易収支 | 797,253 | 674,030 | 123,223 | Trade balance |
| 　　(a-2)サービス収支 | 151,933 | 176,904 | -24,971 | Services |
| 　(b)所得収支 | 234,869 | 71,602 | 163,267 | Income |
| 　(c)経常移転収支 | 7,960 | 21,541 | -13,581 | Current transfers |

|  | 資産 | 負債 | ネット |  |
|---|---|---|---|---|
| ②資本収支 |  |  | -225,383 | Capital & Financial Account |
| 　(d)投資収支 |  |  | -220,653 | Financial Account |
| 　　(d-1)直接投資 | -86,607 | 26,552 | -60,054 | Direct investment |
| 　　(d-2)証券投資 | -145,884 | 228,399 | 82,515 | Portfolio investment |
| 　　(d-3)金融派生商品 | 221,400 | -218,151 | 3,249 | Financial derivatives |
| 　　(d-4)その他投資 | -306,433 | 60,071 | -246,362 | Other investment |
| 　(e)その他資本収支 | (受取)824 | (支払)5555 | (収支尻)-4731 | Capital account |
| ③外貨準備増減 |  |  | -42,974 | Changes in Reserve Assets |
| ④誤差脱漏 |  |  | 20,419 | Errors & Omissions |

注1）資本収支および外貨準備増減のマイナス（-）は資本の流出（資産の増加，負債の減少）を示す。
注2）四捨五入のため，合計があわないことがある。
(出所) 財務省資料より作成

し引いた貿易収支尻は黒字となる。次に，サービス収支に含まれるものは，おもに，海上・航空輸送，旅行，その他サービスである。たとえば，日本人がヨーロッパへ海外旅行に出かけた際に，利用した航空会社がドイツのルフトハンザ航空であれば，その代金は海外へ支払うことになるから，サービス収支の支払側に計上される。また，所得収支は，雇用者報酬と投資収益などから構成される。経常移転収支は，対価を伴わない一方的な支払ないし受取であり，たとえば，政府開発援助（ODA）による無償資金供与や国際機関への拠出金などは，わが国から外国への一方的な支払であるから，経常移転収支上の支払側に計上される。

次に，資本収支は，投資収支，その他資本収支に分類されている。投資収支は，さらに，直接投資（M&Aなど海外企業の経営支配を目的とした投資），および証券投資（外国の株式，債券などへの投資），金融派生商品，その他投資（銀行部門の本支店勘定を含む貸付・借入や，貿易信用など）の4つに細分される。

それでは，実際の国際収支統計から，何が読み取れるのだろうか。図表5-7

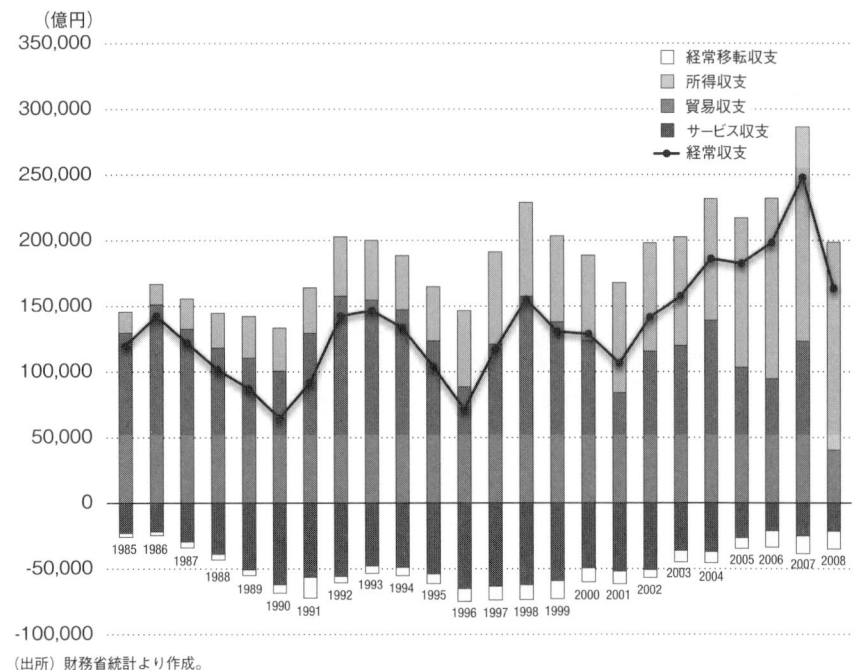

| 第5章 | グローバル社会と国際経済

図表5-7 日本の経常収支の推移（1985年-2008年）

（出所）財務省統計より作成。

は，1985年から2008年までの日本の経常収支を暦年ベースでグラフにしたものである。これをみると，日本は，過去20年以上にわたり一貫して経常収支黒字を維持してきたことがわかる。また，経常収支を黒字化させている主な項目は，貿易収支黒字であるが，これは，原材料を輸入して工業製品を生産・輸出して外貨を稼いできたことを意味する。また，このグラフからは，近年においては，1980年代と比較して所得収支黒字の寄与度が徐々に大きくなってきていることがわかる。

"フロー"で時間的に区切った資本収支上のマイナスの金額は，そのまま，"ストック"としての対外資産の累積的増加分となることを意味する。対外資産から対外負債を差し引いたものを対外純資産と呼ぶが，それが増加する要因の1つは，経常収支が黒字となることである。なお，日本のデータをみると，対外負債を対外資産が上回っており，2008年末の対外純資産残高ベースでは，

約225兆5千億円で，世界第1位の対外純資産保有国となっている。

## ■5.2-2 アブソープション・アプローチ

経常収支のバランス（黒字・赤字）は，一国の経済のマクロ的状況ときわめて密接に関係している。いま，国民所得統計における生産面からみた GDP を $Y$ とし，支出面から見た GDP の構成要素を，個人消費 $C$，投資 $I$，政府支出 $G$，および純輸出 $E_x - I_m$（つまり輸出から輸入を引いた差額）とすると，次式が成り立つ。

$$Y = C + I + G + (E_x - I_m) \quad (5.1)$$

ゆえに，$(E_x - I_m) = Y - (C + I + G) \quad (5.2)$

上式（5.2）の左辺は，貿易収支であるが，貿易収支は経常収支の中心的部分を占めるので，ここでは，左辺を経常収支とみなすこととする。右辺の第1項 $Y$ は，ある国の産出量（財貨の供給）であり，第2項（個人消費＋投資＋政府支出）は，国内需要を表している。いま，この国内需要の部分を $A$（アブソープションの略）と置き換えれば，(5.2) 式は，次のように置きかえられる。

経常収支 ＝ GDP － $A$（内需）

これは次のことを意味する。すなわち，もし，GDP＞内需であれば，経常収支は黒字となっている。また，もし，GDP＜内需であれば，経常収支は赤字となっている。

ここからわかることは，ある国の経常収支が黒字となっていれば，それはすなわち生産された財貨の供給に対して，それを国内ですべて購買するだけの内需が不足しており，生産量と国内需要との差額の分だけ海外への輸出に回されているということを意味する。逆に，ある国の経常収支が赤字となっていれ

ば，それは，国内の生産量より需要の方が上回っており，その差額の分だけ海外からの輸入を行うことで，旺盛な国内需要を満たしているのである。

## 5.3 外国為替市場と為替レート

### ■5.3-1 外国為替取引

　今日の国際経済にかかわる諸問題をいっそう複雑にしている1つの要因が，通貨の問題であろう。なぜなら，国家は独自の通貨（**国民通貨**：National Currency）をもっていて，国内的に強制力を付与して流通させているが（これを法貨という），2国間で国際的な経済取引を行う際には，かならず，決済の段階で自国通貨と外国通貨の交換取引が必要になるからである。今日では，財貨の取引だけではなく，金融資産の取引も国際的に活発に行われている。外国為替市場は，国際経済取引に応じて，通貨間の交換の場として世界中で機能している。そして，主要国の為替レートは，日々刻々と変化し，それが個々の企業の生産活動や個人の金融資産運用面にまで，さまざまな影響を与えているのである。

　外国為替取引とは，ある通貨を特定の日に他の通貨を対価として受渡しする取引をいう。これを略して，外為取引あるいは為替取引と呼ぶことも多い。最近では，英語表記の Foreign Exchange Trade を略して，FX取引と称することもある。外国為替取引において適用される両通貨の交換比率を，外国為替レート（あるいは外国為替相場）という。たとえば，円とドルとの為替取引では，1ドル＝95円35銭というように，ドル1単位を売り買いするのに，円が何単位必要となるかという表示方式になっている。このように外貨1単位を基準として表示する方法を，邦貨建て（あるいは自国通貨建て）レートと呼ぶ。円・ドル為替レートでは，基準となるドルの方を単位通貨（ベース・カレンシー）と呼び，数値が変動する円の方を表示通貨（ターム・カレンシー）という。他方，ユーロ・ドル，あるいはポンド・ドルの取引では，逆に，1ユーロ＝1.35ドル，あるいは1ポンド＝1.50ドルというように，ユーロの方を単位通貨として表示することが一般的である。

■5.3-2　外国為替市場

　外国為替取引は，外国為替市場において行われているが，株式や債券市場とは異なり，特定の取引所で行われているのではない。その参加者は，世界中の主要な都市に存在する銀行を中心とし，一般企業，個人，中央銀行および外国為替ブローカーである。こうした参加者がそれぞれに取引を行っており，それらを各都市や国ごとに総体化した概念として，たとえば，東京外国為替市場というように呼んでいる。そのなかで，銀行同士が取引する市場を，インターバンク市場といい，銀行が企業や個人などの顧客と取引する市場を対顧客市場という。インターバンク市場では，銀行同士が売り手と買い手となって直接取引もするが，外為ブローカーを経由することもある。外為ブローカーとは，売り手と買い手を仲介することによって外国為替取引を成立させ，その手数料を受け取る仲介業者のことである。東京外国為替市場でも，いくつかのブローカーが存在し，こうした仲介業務に従事している。実際の仲介機能については，電話を通じて取引仲介を行う従来型ブローカーのほかに，最近では，為替ディーラーのパソコン端末画面から売買注文を仲介する電子ブローキングシステムを使用することが多くなっている。

■5.3-3　外国為替市場の規模

　外国為替市場は，あらゆる市場のなかでも世界最大規模といってよく，かつ最も流動性に富んだ市場ということができる。その市場規模をみると，一日あたり取引量は，全世界で約3兆5千億ドルにもなる（国際決済銀行による2007年データ）。

　外国為替市場は，世界の主要な都市に存在するが，その代表的なものとして，ロンドン市場，ニューヨーク市場，東京市場，シンガポール市場などがある。日付変更線が西太平洋にあることから，1日の外国為替取引は，ウェリントンからはじまって，シドニー，東京，香港およびシンガポール，バハレーン，フランクフルト，ロンドン，ニューヨークへと続く。週末を除き，1日24時間のうち世界のいずれかの市場が開いており，その意味で，外国為替市場は24時間マーケットとも呼ばれる。世界のいずれかの地域で，何か突発的なニ

ニュースがあった際には，即時にいずれかの外為市場で為替レートの急激な変動というかたちで影響を受けることがあるため，大手銀行などでは本店と海外拠点とのネットワーク構築により，24時間体制でこうした緊急事態に対応できるようにしていることが一般的である。

世界の外国為替市場のなかで最も取引額が大きいのは，ロンドン（英国）市場である。同市場が世界最大となっている要因はいくつか考えられるが，歴史的にも国際金融センターとしての地位を維持してきたことに加え，地理的にも時差の関係上の恩恵を受けている。つまり，ロンドン市場が午前中にアジア・中東市場はまだ開いているし，ロンドン市場が午後に入ると，今度は巨大なニューヨーク（北米）市場が開くため，ディーラーの利便性も高い。

### ■5.3-4　円高・円安の意味

よくテレビのニュースで，「今日の東京外国為替市場の円相場の終値は，1ドル＝95円70銭で，前日比1円10銭の円高となっています。」というようなマーケット情報に接することがあるが，この場合の"円高"とは，円のドルに対する相対的な「価値が高い」ということを意味する。たとえば，為替レートが1ドル＝100円から，1ドル＝90円になったとすると，これまでは外貨ドルを1単位購入するのに100円を支払う必要があったのに，1ドル＝90円のときには，同じ1ドルを購入するのに90円だけ支払えば済むことになるから，それだけドルが安くなったことがわかる。これを，"ドル安になった"（あるいは逆からみて，"円高になった"）というのである。

### ■5.3-5　円安になると輸出が有利になる

一般的に，為替レートが円安方向にシフトすると，日本の輸出企業が有利になる。このことを簡単な例によって検証しよう。いま，為替レートが1ドル＝100円であるとする。ここで，日本製乗用車1台の国内販売価格が100万円であるとすれば，これを米国に輸出してドル建てで販売しようとすると，100万円を上記のレートでドルに交換して（100万円÷100円），1万ドルで販売することになる（なお，単純化のために，日本から米国への輸送コスト，関税コストなどは考えないことにする）。ここで，もし，為替レートが円安方向へシフト

して，1ドル＝120円になったとすると，その乗用車の国内販売価格100万円を，ドル換算すると（100万円÷120円），約8330ドルになるから，以前よりも，価格を引き下げて販売することが可能となる。それだけ，ライバル企業の乗用車に比較して価格競争力が大きくなったので，販売台数を伸ばすことが見込まれ，結果として輸出量が増大するのである。あるいは，以前と同じ1万ドルの販売価格で乗用車を同じ台数だけ売っても，1台あたり1670ドルの売り上げ増加となり，ドル建ての販売代金1万ドルを，外為市場で再び日本円に戻せば，円建ての売り上げは1台あたり120万円となる。いずれにせよ，日本の輸出企業にとって，為替レートの円安へのシフトは有利に働くのである。

　しかし，為替レートが円高方向にシフトすれば，逆のことが起こることは，読者には容易に理解されるであろう。このことからも，外国為替市場における為替レートの変化は，国際貿易を行う企業の活動に多大な影響を与えることがわかる。そればかりか，今日では，銀行・生命保険会社・投資信託などをはじめとする機関投資家は，世界中の金融・資本市場を舞台として外貨建て金融商品へ証券投資を行っている。したがって，為替レートの変化は，こうした証券投資による運用収益にも影響を与えることになる。

## ■5.3-6　中央銀行による為替介入

　為替レートの変化は企業の生産計画に影響を与えることを通じて，それが一国全体の経済活動の不安定化を招くおそれもある。そのため，中央銀行は，外国為替市場の参加者として，為替レートの乱高下を緩和する目的で，**為替介入**を行うことがある。たとえば，極端な円高が進んでいる状況では，市場で円が一方的に買われているため，中央銀行は，反対売買，すなわち円売りドル買いを行うかたちで市場に介入する。中央銀行の為替介入によって，実際に為替レートをねらいどおりに動かすことができるかどうかは，市場全体の需給関係や介入規模にもよるが，為替介入が行われたこと自体が，通貨当局の意向やスタンスを市場に伝達する効果（これをアナウンス効果という）をもち，市場がこれに反応するということもある。こうした直接的な介入のほかに，通貨当局の関係者が，「現在のような円高水準が続くことは望ましくない」といった声明を出すなど市場介入の意思表示をするだけで（これを**口先介入**という），市

場ではこのニュースに反応して為替レートが動くこともある。

## 5.4 外国為替レートの決定

### 5.4-1 外国為替市場による価格メカニズム

　外国為替レートは、2つの通貨間の交換比率であるが、それは、邦貨建てレートでいえば、外貨1単位を円で売買する際の外貨の価格である。そこで、いま外貨ドルの需要曲線と供給曲線を描いた外国為替市場のグラフを図表5-8に示して、為替レートがどのように変化するかを点検しよう。$DD$ は、ドルに対する需要曲線（ドルの買い手）、$SS$ はドルの供給曲線（ドルの売り手）を表す。縦軸の単位 $e$ は、1ドル＝$e$円という邦貨建てレートを表す。いま、外国為替市場は、1ドル＝100円の水準である $E$ 点で均衡しているとする。

　ここで、もし何らかの要因でドルに対する需要が増大したならば、$DD$ 曲線は右方へシフトする。すると、均衡点は $E'$ に移り、為替レートは、1ドル＝120円という円安方向にシフトする。この場合、為替取引量も $X$ から $X'$ へと増加している。逆に、何らかの要因でドルに対する需要が減少したならば、$DD$ 曲線は左方へシフトし、今度は円高方向へと均衡点がシフトするであろう。こ

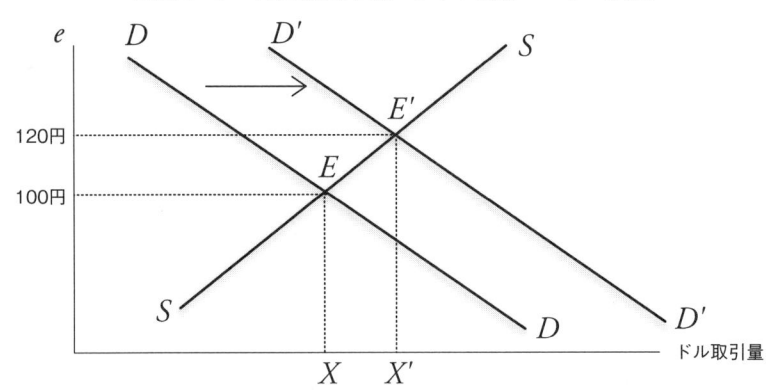

図表5-8　外国為替市場における為替レートの決定

のように，外国為替レートの水準は，市場メカニズムによって決定され，需要と供給の変化に応じて外貨の価格である為替レート水準も変化する。

## ■5.4-2 何が為替レートを動かすか

それでは，なぜ，外貨に対する需要曲線や供給曲線が変化するのだろうか。それには，さまざまな要因があり，どれか1つに特定することは難しいが，おもに次の要因があげられる。第1は，実需面の要因である。経常収支の黒字傾向が続くと，輸出国は対外資産を増加させることになるが，輸出先において外貨建てで製品を販売したとしても，最終的には，獲得した外貨を自国通貨に戻すための需要が以前より高まると考えられるから，長期的には外国為替市場で自国通貨に対する需要が増大する。したがって，経常収支黒字の傾向は，長期的に当該国の通貨高を引き起こす要因となる。

第2は，証券投資の観点からみた要因である。各国の機関投資家は，手元の資産の運用先として海外の株式・債券等への証券投資を行っている。もし，日本の円金利に比較して，米国のドル金利がより高くなると，それだけ高い収益性を求めて，ドル建て資産に対する需要が高まり，外国為替市場ではドル買い円売りの動きが強まり，その結果，ドル高へとシフトすることが考えられる。今日，金融市場のグローバル化によって，投資家は世界中の金融市場を相手として投資活動を行っている。巨額の投資資金は，高い収益性をねらって，いわば，金利の低い方から，より金利の高い方に向かって流れると考えてもよい。

第3は，投資家心理にかかわる要因である。最近では，個人投資家が，外為取引の参加者としてシェアを高めているが，短期的な投資期間を考えて行動する投資家もいる。短期的な視野をもつ参加者は，チャートと呼ばれる為替レートの時系列グラフを参考にしながら，短期的な為替の変動を利用して収益を得ようとする場合がある。こうした投資家の行動には，いわゆる「**群れ行動**」(herding behavior) がみられる。つまり，自らが合理的だと考える予想為替レートを参考にするのではなく，他の大勢の市場参加者の動きがどうなるかを読み込んでそれに合わせた行動をしようとする。そのため，ある投資家が，心理的に将来の相場に悲観的な予想をもって売り注文を出すと，それが他の投資家の不安心理を惹起して更なる売り注文につながり，自己実現的に相場が下落

速度を強めるといったことが起こりえる。このように，予想為替レートに関する投資家の心理的要素などによって，将来の予想為替レートが変更されただけでも，現在の為替レートは鋭敏に反応するものと考えられる。

## 5.4-3 購買力平価説

為替レート水準の決定理論のうち，代表的なものの1つに購買力平価説（PPP：Purchasing Power Parity）がある。これは，2つの通貨がそれぞれもっている購買力が等しくなるところで，為替レート水準が決定されるという考え方である。この理論が成立する背景には，経済学の基本法則の1つである「一物一価の法則」がある。一物一価の法則とは，競争的市場においては，2つの財が同一のものであれば，価格もまた同じになることをいう。この法則は，裁定（arbitrage）によって実現される。

具体例で説明しよう。いま，日本と米国の2国で，ある有名アーティストの音楽CDが販売されているとし，日本では，そのCD1枚の販売価格が2400円，米国では同じタイトルのCDが20ドルと仮定する。購買力平価の考え方によれば，日本でそのCDが1枚買える購買力をもつ円の量は，米国で同じCDが1枚買えるだけのドルの量とちょうど見合うはずだと考える。すなわち，同じCDが買える貨幣価値として，20ドル＝2400円という等式が成り立ち，ゆえに，1ドル＝120円という為替レートが算出できるのである。

ただし，日米両国で生産・販売されている財貨は，なにもCDだけではない。そこで，さまざまな財の平均値である一般物価水準$P$を考える。日本と米国で，同じ財の組み合わせからなるバスケットをつくり，それらの財の諸価格の平均値を，それぞれ物価水準$P$，$P^*$とし，邦貨建て為替レートを$e$とすると，次式が成り立つ。

$$P = eP^* \quad (5.3)$$

ただし，$P$は日本の物価水準，$P^*$は米国の物価水準である。

$$\therefore e = \frac{P}{P^*} \quad (5.4)$$

すなわち，(5.4) 式のように，購買力平価説では，為替レート水準 $e$ は，日本の物価水準を米国の物価水準で除することによって決定されることを意味している。

ところで，なぜ，為替レートが長期的にはこのような均衡に向かうのだろうか。それには，裁定行動が関係している。上記の CD の例で考えることにしよう。ただし，CD の輸出入に関する輸送・関税コストは単純化のために考えないこととする。たとえば，ある時点を初期値として 0 期とし，為替レート $e_0$ が 120 円であったとする。ここで，何らかの要因によって為替レートが 10% 円高にシフトし，108 円になったと仮定する。すると，日本の輸入業者からみて，アメリカで販売されている CD を日本に輸入することが有利になる。なぜなら，この業者は，アメリカで 20 ドルを支払って CD を 1 枚買い，それを日本国内に輸入して販売するのであるが，外為市場を使って 20 ドルを入手するために必要な円の数量は，2160 円（＝108 円×20）であり，輸入した CD を日本国内の相場である 2400 円で販売すれば，CD 1 枚の売上げあたり 240 円の利益を手にすることができるからである。これは，もともと同じ財である CD に違う価格がついていることを利用して，それが安い値段で販売されているところで買って，高く売れるところで売るという裁定行動をとることで，利益を得ているのである。しかし，やがてこの裁定の利益を得ようとして，他の業者も次々に参加してくるだろう。そうなると，外国為替市場では，円を売ってドルを買い求める動きが強くなり，再びドル高方向へシフトするだろう。こうしたドル高の動きは，結局，上記の裁定行動による利益が消滅する水準，すなわち 1 ドル＝120 円になるまで続くだろう。こうして為替レート水準は，購買力平価にもとづく均衡値へと収れんしていくのである。

つぎに，両国における物価変動が，為替レートにいかなる影響を与えるかを点検する。具体例をあげて考える。いま，購買力平価に基づく為替レートが，1 ドル＝120 円であったとする。ここで，もし米国でインフレーションが発生し，CD の米国内販売価格が 10% 上昇したとすると，なにが起きるだろうか。値上がりした CD の米国内価格である 22 ドルが，同じ CD の日本国内価格 2400 円に等しくなるから，22 ドル＝2400 円となり，為替レートは，1 ドル≒109 円 9 銭へ，つまりドル安方向へと変化するだろう。これを PPP の式に当ては

めてみる。インフレ発生後の為替レートを $e_1$ とすると，$e_1 = P / 1.1 P^*$ となるから，$e_1 \fallingdotseq 0.909 P/P^*$ となる。これは，もとの為替レート $e$ より，約9.1%だけ円高（＝ドル安）に変化したことを表している。

　このことから，為替レートは，両国の国内物価の変化により影響を受けることがわかる。たとえば，相手国の物価に変化がなく，自国でインフレが起きれば，購買力平価説からは，為替レートは自国通貨安の方向に動く。また，逆に，自国で物価に変化がなく，相手国でインフレが起きれば，相手国通貨安へのシフトを引き起こすのである。ただし，一般物価水準の変化が認識されるまでには一定の時間が必要であるから，物価変動が為替レートに影響するプロセスは，短期的であるというより，むしろ中長期的なものとなる。

☕ コーヒーブレイク

*Coffee Break*
## ビッグマックを使った経済指標はとても分かりやすい！

　マクドナルドの"ビッグマック"は，いまや，世界中どこに旅行に行っても食べることができる。旅行中に現地の料理に少し飽きたときなどは，ついつい滞在地のマクドナルドでビッグマックを注文したという経験をした日本人も多いのではないだろうか。この「世界中どこでも売っている財」ということに着目して，ビッグマックの価格を使った購買力平価による対ドル為替レートを"ビッグマック・レート"として毎年公表しているのが，世界的に有名なイギリスの経済誌"エコノミスト"（The Economist）である。

　下図は，2009年5月にエコノミスト誌が公表したビッグマック・レートの一覧である。この表の見方は次のとおりだ。本場アメリカでのビッグマック1個の販売価格が3.54ドルで，日本国内での販売価格が290円となっている。だから，ビックマックという財で一物一価の法則が成り立つとすれば購買力平価によって，3.54ドル＝290円となり，ビッグマック・レート（理論上のレート）は，1ドル＝81.9円となる。しかし，実際の為替レートは，1ドル＝89.8円となっており，これは，理論値であるビッグマックレートから現実の為替レート

ビッグマック為替レート（2009年1月）

| 国名 | ビッグマックの価格 | | ビッグマック 為替レート | 現実の 為替レート | 対ドル過大(+)/ 過小(−)評価% |
|---|---|---|---|---|---|
| | 現地通貨価格 | ドル換算価格 | | | |
| アメリカ | $ 3.54 | $ 3.54 | 1 | — | — |
| オーストラリア | A$ 3.45 | 2.19 | 0.97 | 1.57 | -38 |
| イギリス | £ 2.29 | 3.30 | 1.55 | 1.44 | -7 |
| カナダ | C$ 4.16 | 3.36 | 1.18 | 1.24 | -5 |
| 中国 | Yuan 12.5 | 1.83 | 3.53 | 6.84 | -48 |
| チェッコ | Koruna 65.94 | 3.02 | 18.6 | 21.9 | -15 |
| ユーロ圏 | € 3.42 | 4.38 | 1.04 | 1.28 | 24 |
| 香港 | HK$ 13.3 | 1.72 | 3.76 | 7.75 | -52 |
| ハンガリー | Forint 680 | 2.92 | 192 | 233 | -18 |
| インドネシア | Rupiah 19,800 | 1.74 | 5.593 | 11.38 | -51 |
| 日本 | ¥ 290 | 3.23 | 81.9 | 89.3 | -9 |
| メキシコ | Peso 33.0 | 2.30 | 9.32 | 14.4 | -35 |
| ニュージーランド | NZ$ 4.90 | 2.48 | 1.38 | 1.97 | -30 |
| シンガポール | S$ 3.95 | 2.61 | 1.12 | 1.51 | -26 |
| 南アフリカ | Rand 16.95 | 1.66 | 4.79 | 10.2 | -53 |
| 韓国 | Won 3,300 | 2.39 | 932 | 1,380 | -32 |
| スウェーデン | SKR 38.0 | 4.58 | 10.7 | 8.30 | 29 |
| スイス | CHF 6.50 | 5.60 | 1.84 | 1.16 | 58 |
| タイ | Baht 62.0 | 1.77 | 17.5 | 35 | -50 |

（出所）Economist.com(http://economist.com/markets/Bigmac/Index.cfn)
（注）英ポンドおよびユーロについては，ドル価格／現地通貨価格による計算。

☕ **コーヒーブレイク**

が約9％だけ過小評価されているということだ。もちろん為替レートがこのハンバーガー1品だけで決まるわけではないが，この企画が面白いのは，ハンバーガーという身近な食品を取り上げることによって，購買力平価という経済理論をわかりやすく紹介している点であろう。

ところで，ビッグマックという食品は，これ以外にも経済指標として用いられていることはご存知だろうか。それは，UBSというスイスの銀行が毎年公表しているデータで，各国の労働者がビッグマック1個を食べようとしたら，どれくらいの労働時間が必要かということを国際比較したものだ。これによると，ビッグマック1個を買うための労働時間は，全世界の平均で37分間になるという。世界でもっとも短時間の労働でビッグマックにありつけることができる都市は，なんと東京とシカゴとトロントで，たった12分である。ヨーロッパでは，ローマの人は，東京の2倍以上の27分間の労働が必要で，ブダペストでは59分も働かなくてはならない。アジアをみると，お隣のソウルでは27分，北京では44分，バンコックでは45分，ジャカルタでは136分もかかる。

このように，同じビッグマック1個を買うのに，国によって労働時間が異なるのは，おもに被雇用者が受け取る賃金水準が国によって大きく異なっていることが要因と考えられる。ジャカルタで136分もかかるのは，インドネシアの人々の賃金水準が他の都市に比較して低いことを意味している。

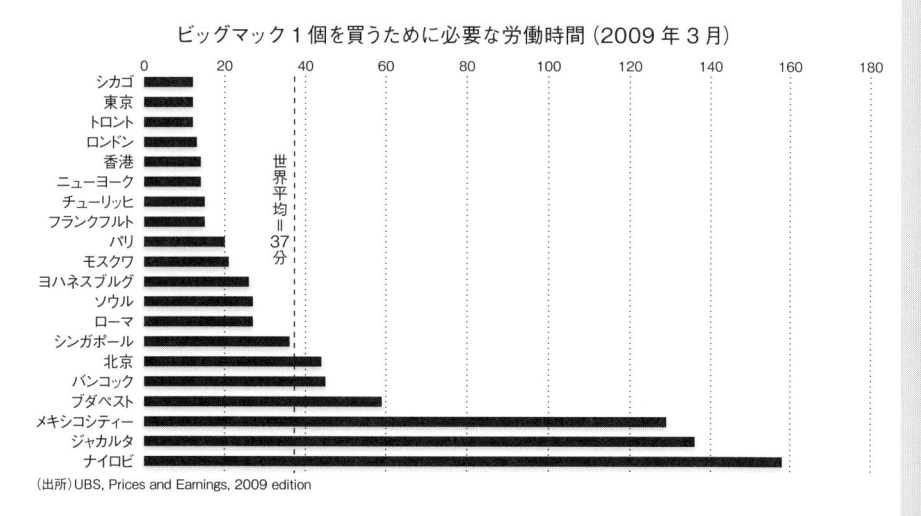

ビッグマック1個を買うために必要な労働時間（2009年3月）

| 都市 | 分 |
|---|---|
| シカゴ | |
| 東京 | |
| トロント | |
| ロンドン | |
| 香港 | |
| ニューヨーク | |
| チューリッヒ | |
| フランクフルト | |
| パリ | |
| モスクワ | |
| ヨハネスブルグ | |
| ソウル | |
| ローマ | |
| シンガポール | |
| 北京 | |
| バンコック | |
| ブダペスト | |
| メキシコシティー | |
| ジャカルタ | |
| ナイロビ | |

世界平均＝37分

（出所）UBS, Prices and Earnings, 2009 edition

## 5.5 金利裁定式

### ■5.5-1 カバー付金利裁定式による為替リスク・ヘッジ

　外国為替取引には，スポット（直物）取引とフォワード（先渡し）取引がある。スポット取引とは，契約日から2営業日後に決済が行われる取引であり，フォワード取引とは，契約日から3日目以降のあらかじめ合意された受け渡し日に決済する取引をいう。為替スワップ取引とは，たとえばスポットでドルを買うと同時にフォワードでドルを交叉的に売るなどの取引であり，これにより外国通貨建てで投資を行う際などに，将来の為替変動リスクを回避することが可能となる。いま，手元の100万円を定期預金で3カ月間運用するケースを考えよう。この投資家は，100万円を日本国内で円建ての定期預金で運用するか，アメリカのドル建て定期預金で運用するかを選択できるとする。国内運用の場合，3カ月後に得られる元利合計は，$100 \times (1+i)$ 万円である。ここで，$i$ は3カ月の円金利である。他方，アメリカで運用しようとすれば，まず手元の100万円を外国為替市場におけるスポットレート $E$ でドルに交換し，そのドルを使ってアメリカ国内で3カ月のドル金利 $i^*$ で運用することになるが，3カ月後には，再びフォワードレート $E^f$ を使って円建てに戻すこととする。その場合には，$100 \times 1/E \times (1+i^*) \times E^f$ となる。さて，投資家は，国内運用と海外運用での収益を比較するだろう。もし，2つの運用の収益率に関して，一時的に次式のような関係がみられたとしよう。

$$100 \times (1+i) < 100 \times (1+i^*) \times \frac{E^f}{E} \quad (5.5)$$

　(5.5) 式の左辺は，国内運用の3カ月後の元利合計であり，右辺はアメリカでドル建て運用した元利合計を3カ月後にフォワードレート $E^f$ を使って円建てに戻したものである。この場合，ドル建て運用の収益の方が国内運用のそれより大きいから，この投資家だけでなく，他の多くの投資家も，アメリカでの運用を選ぼうとするだろう。すると，外国為替市場では，円をドルに換えよう

とする動きが強まり，スポットレート $E$ は，フォワードレート $E^f$ と比べて，よりドル高となる。こうした動きは，国内運用と海外運用の収益に違いがなくなるまで，すなわち，上式の左辺と右辺が等しくなるところまで進むだろう。

いま，上式の100万円を，1円と置き換え，左辺と右辺が等しいとすると，次のカバー付き金利裁定式が成り立つ。

$$i - i^* \cong \frac{E^f - E}{E} \quad (5.6)$$

(5.6) 式の金利裁定式の意味するところは，左辺における円とドルの金利格差（金利スプレッドという）が，右辺におけるフォワードレートのスポットレートからの乖離率に等しくなるということである。これは，金利格差に着目した裁定取引が行われるため成立するのである。ここで，「カバー付き」というのは，フォワードレートを利用して為替スワップ取引を行えば，為替変動リスクをヘッジ（回避），すなわちカバーできるという意味であり，こうしたリスクヘッジは，フォワードレートが提供されている短期の場合に限られる。

## 5.5-2　カバーなし金利裁定式

フォワード取引が提供されない長期においては，上式の $E^f$ が，予想為替レート $E^e$ に置き換えられた次のカバーなし金利裁定式が成立する。

$$i - i^* \cong \frac{E^e - E}{E} \quad (5.7)$$

ここで，$E^e$ は，あくまで現時点における将来の為替レートの予想値に過ぎない。ここで，$E^e$ という予想値は，短期的には頻繁に変更されないものであり，したがって定数であると仮定する。すると，(5.7) 式のカバーなし金利裁定式において，両国いずれかの金利に変化が生じると，スポットレート $E$ も変動することがわかる。このことから，たとえば両国における政策金利の変更などを通じた市場金利の変化は，金利スプレッドの変化を通じて，為替レートの変動に作用することがわかる。

また，上式の左辺の金利スプレッドが変化しないとき，もし予想為替レート

$E^e$ が増大（すなわち円安へ）すると，この等式が成り立つためには，スポットレート $E$ も増大する必要がある。すなわち，予想為替レートが当初より自国通貨安へ変更される場合，それは，ただちに現在のスポットレートを自国通貨安方向へと動かす要因となりえる。

以上でみてきたように，為替レートは，中長期的な両国の物価水準の動向だけではなく，短期的な両国間の金利格差や投資家心理などによる予想為替レートの変化など，さまざまな要因による複合的な作用として決定されていると考えられる。ここまで述べてきた為替レートを動かす諸要因のメカニズムを，簡単な概念図で示すと，図表5-9となる。

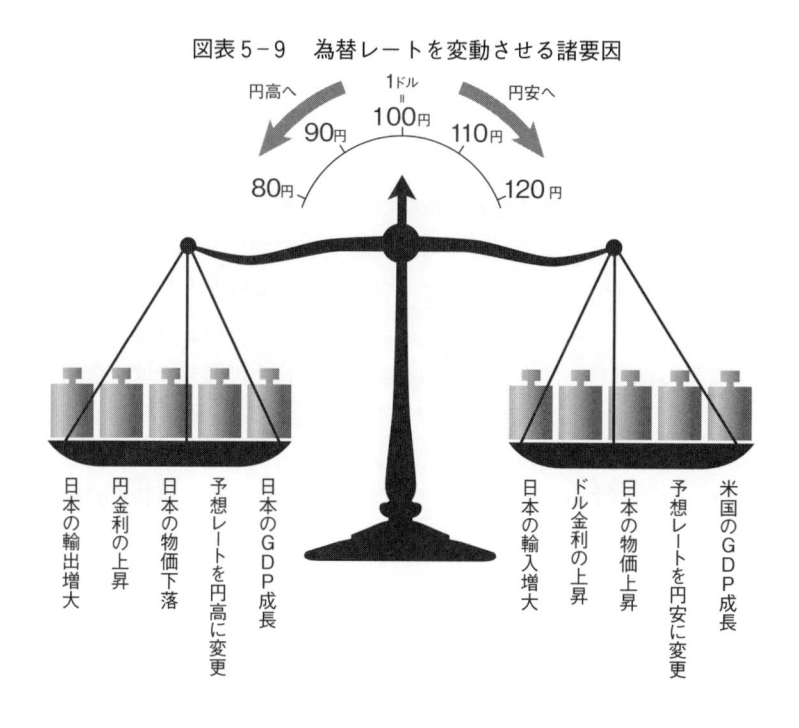

図表5-9　為替レートを変動させる諸要因

円高へ　1ドル=100円　円安へ
90円　　　　　　　110円
80円　　　　　　　120円

左側（円高へ）:
- 日本の輸出増大
- 円金利の上昇
- 日本の物価下落
- 予想レートを円高に変更
- 日本のGDP成長

右側（円安へ）:
- 日本の輸入増大
- ドル金利の上昇
- 日本の物価上昇
- 予想レートを円安に変更
- 米国のGDP成長

### コーヒーブレイク

## *Coffee Break* ヨーロッパ通貨統合とユーロの誕生

1999年1月にEU加盟国のうち11カ国において単一通貨ユーロが導入された。これは，1993年に発効した欧州連合条約（通称マーストリヒト条約）で実施計画が確立し，その後段階的な準備プロセスを経て実現された，いわば「壮大な歴史的実験」とも言えるものだ。なぜなら，主権国家の象徴の1つが，自国の通貨そのものであるのに，欧州通貨統合ではこの通貨に関する主権を，国家よりも上位にある超国家的な中央銀行である**欧州中央銀行（ECB）**に移譲することを意味するからである。

ところで，複数の通貨を1つに統合することの経済学的なメリットとは何であろうか。それは，大きく分けて，①ミクロ経済的な市場メカニズムの機能の向上と，②マクロ経済的な安定・成長性にあるといえる。

市場メカニズムの機能向上とは，まず，域内貿易決済に伴う為替取引コストの消滅である。こうした取引コストの消滅だけでも家計や企業にメリットをもたらすだろう。旅行者は，国境を越えるときにいちいち別の通貨に両替するわずらわしさから開放される。加えて，価値尺度としての単一通貨は価格透明性の向上をもたらす。たとえば，同じタイプの自動車であっても，自国と他国では，それぞれの国の需要構造や為替取引コストなどが要因となって，異なる価格帯で販売されることがある。ところが，通貨取引コストが除去され，価格表示がすべてユーロ建てに統一されれば，価格格差が明確となり，一物一価の法則が働きやすくなる。これにより，生産者側の価格競争が惹起され，効率性の向上につながる。次に，マクロ経済的な安定・成長性に関しては，企業の予想収益の計画を左右する為替変動リスクが100％消滅するために，企業の生産活動における不確実性を減じることができるのだ。

金融政策面については，欧州中央銀行が，域内物価安定の維持を目的として一元的な金融政策を行うとともに，財政面では，1996年に締結された「安定・成長協定」によって，ユーロ参加諸国は，たとえば，単年度の財政赤字額を名目GDP比で3％以内に収めるなどの健全財政の義務を負うようになっている。その後，ユーロ参加国は順次増加し，2009年には16カ国となっている。

## 5.6 国際通貨と国際通貨制度

### ■5.6-1 国際通貨とは何か

**そもそも貨幣とは何か**

　人類の歴史にいつごろ貨幣が登場したのかは定かではない。しかし，おそらく，それは電球やワープロと同じような方法で発明されたのではなく，何千年も前のある日，人々が日常的に経済取引に使用しているものが実は貨幣だったと気がつくようになったという類のものだろう。ただ，そこでも，貨幣が貨幣として使われるためには，次の3つの機能が備わっていなければならない。

　それは，第1に，支払手段としての機能であり，貨幣の一般的な交換可能性である。つまり，貨幣は，それがひろく共同体社会の成員に支払手段として受け取られなければならないということであり，それゆえ，初期の貨幣の形態が，実際的に役立ち得る物品であったということは理解されよう。たとえば，それはときに布や皮の断片であったり，あるいは家畜であった（商品貨幣）。その証拠として，ラテン語で家畜を語幹にもつペキュニア（貨幣：Pecunia）や，ドイツ語の家畜（Vieh）に相当する英語がフィー（手数料：Fee）という言葉であることにも，その名残をみることができる。

　第2に，価値尺度（計算単位）としての機能がある。われわれは，あらゆる交換可能な財貨を，共通の貨幣単位（たとえば日本における円）の数量で言い表すことで，財貨間の価値の比較を行っている。たとえば，ある缶ビールの価格が240円で，発泡酒が120円だったとすると，われわれは，缶ビールの方が，発泡酒より2倍も高価であり，それだけ価値が高いものだというように両者を比較できる。こうして，実際に貨幣を支払手段として使用せずとも，ある財の価値をその貨幣単位で測ることで，共通の価値尺度として機能する。第3の機能として，価値保蔵機能がある。これは，資本（あるいは財産）を時間的に保蔵（hoarding）するための手段となりえる。鋳造貨幣に，金・銀などの貴金属が用いられたのも，これらの金属貨幣が腐ったり壊れたりしない耐久性をもっていたからである。

やがて信用制度が発展し，紙幣が登場することになるが，初期の紙幣は，いわば「金貨の請求券」というような金との兌換が保証されたものであった（これを兌換紙幣という）。今日のドル，円，ユーロなどの通貨は，かつての貨幣のように，金との兌換を直接的に保証するものではない（これを不換紙幣という）。

## 国際通貨とは

　もし，全世界で通用する唯一の"世界通貨"が存在し，世界中の国家がこの通貨を使用していたとするならば，もはや，国際経済取引において外国為替市場は必要なくなる。われわれが海外旅行に出かける際，いちいち行先国の通貨に両替するわずらわしさからも解放されるし，銀行ディーラーは為替リスクに対処するストレスからも解放される。しかし，今日の国際社会は，依然として主権国家の併存により成り立っており，それぞれの国家は，自らの通貨発行主権によって独自の国民通貨を流通させている。ただし，ヨーロッパでは，欧州連合（EU）諸国のうち，2009年までにすでに16カ国が欧州通貨同盟（EMU：European Monetary Union）に参加し，EMU域内で単一通貨ユーロ（Euro）を流通させている。

　国際的な経済取引においては，こうした域内単一通貨ユーロのほかに，実際上，ドル，円などの国民通貨がそのまま用いられているが，こうした通貨は"国際通貨"（international currency）と呼ばれることがある。では，国際通貨とはいったい何をさすのだろうか。以下に具体的に見ていくこととする。

　国際通貨とは，第一義的には，国際的な経済取引，すなわち財・サービスの国際貿易や資産の国際取引における価格表示や決済機能を担うことができる特定国の国民通貨（あるいは域内単一通貨）のことをいう。つまり，貨幣の機能という観点からみれば，国際通貨は，国民通貨が国内で有する3つの機能を，国際経済取引においても有している通貨であるといえる。

　まず，計算単位としての機能について，貿易取引では，取引契約上いずれかの通貨建てにより取引金額を表示するが，その契約時の表示単位として記載された通貨を**表示通貨**あるいは契約通貨と呼ぶ。次に支払い手段としての機能について，契約上の通貨建てで決済が行われると，それは**取引通貨**あるいは貿易

の決済通貨としても機能している。ところで、どの通貨を取引通貨に選ぶかは、契約当事者にとっては重要な問題である。なぜなら、たとえば輸出業者側にとって、自国通貨が取引通貨として選ばれれば、相手国における販売代金の受け取りに際して、為替変動によるリスクを負うことがなくて済むが、逆に、相手国通貨が取引通貨となった場合には、自らが為替リスクを負ったことになるからである。

さて、取引通貨が多様化してくると、各国の銀行はそれだけ多くの通貨建てで決済用の預金口座をもたなくてはならないが、これが多いほど取引コストは高くなるだろう。そこで、ある特定の通貨を媒介通貨として利用することで取引コストを低下させることができる。これが、**為替媒介通貨**である。全世界が $N$ 個の国家で構成されているとし、それぞれが独自の国民通貨を保有しているとすると、2通貨間の為替相場は、$N$ 個から2つ取り出す組み合わせとなり、$N(N-1)\div 2$ 通りも存在することになる。ここで、特定の国民通貨を為替媒介通貨に選ぶことで、為替相場は、$(N-1)$ 個だけで済むことになる。

具体例を挙げよう。たとえば、円、ドル、ユーロ、ポンドの4つの通貨を考える。ここから、異なる2つの通貨間の為替レートをとる組み合わせは、$4\times(4-1)\div 2=6$ 通りだけ存在する。しかし、もしドルを為替媒介通貨としてとらえると、$(4-1)=3$ 通りの為替レートを決めるだけでよい。その他の3通りの為替レートは、**クロスレート**によって自動的に求めることができる。たとえば、円／ドルレートが、1ドル＝100円、ドル／ユーロ・レートが1ユーロ＝1.5ドルであれば、円／ユーロ・レートは、まずユーロをドルに換算し、次にドルから円に換算すれば、自動的に、1ユーロ＝150円と求めることができる。この関係については、図表5-10に示している。

このように、ある通貨を媒介通貨として考える場合、それは計算単位としての機能だけではなく、実際に支払手段の面でも機能する。たとえば、日本人旅行者がロシアに旅行するとき、もし日本国内で円をルーブルに交換する機会をもてなかった人は、日本国内であらかじめ円をドルに換えて、ロシア入国後にそれを銀行やホテルなどの両替窓口でルーブルに換える。この場合、ドルは、円からルーブルへの交換の中間にある為替媒介通貨として機能しているといえる。

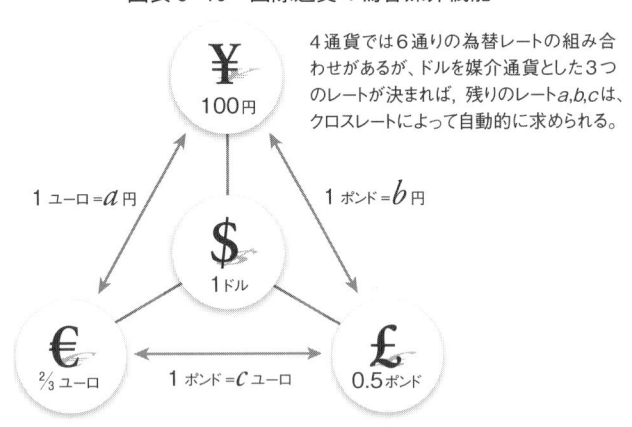

## 図表 5-10 国際通貨の為替媒介機能

4通貨では6通りの為替レートの組み合わせがあるが、ドルを媒介通貨とした3つのレートが決まれば、残りのレート $a, b, c$ は、クロスレートによって自動的に求められる。

¥ 100円
$ 1ドル
€ 2/3ユーロ
£ 0.5ポンド

1ユーロ＝$a$円
1ポンド＝$b$円
1ポンド＝$c$ユーロ

次に価値保蔵手段としての側面であるが、民間部門にとって、それは投資通貨のことを意味する。どの通貨建ての資産に投資すべきかは、投資者側の視点から、すなわち、いかに有利に資産運用を行えるかどうかという視点から自由に決めることができる。その場合、投資通貨を選択する基準としては、①通貨価値が安定しているか、②金融・資本市場が十分に発達しており、流動性が高いか、③資金の調達・運用が容易か（コストがかかりすぎないか）などがあげられる。他方、通貨当局などの公的部門からみて、価値保蔵手段とは、外貨準備そのものである（**準備通貨**）。また、通貨当局が、外国為替市場における参加者として為替介入を行う場合には、その通貨は**介入通貨**となる。

さて、このような国際通貨の機能をまとめたものが、図表5-11である。

ある通貨が、国際通貨として利用される条件には、大きく次の3点があげられる。第1に、当該通貨発行国の経済規模が十分に大きくかつ安定的であることである。第2に、当該通貨建てによる市場取引が可能となる十分な大きさの金融・資本市場が存在していることである。第3に、当該通貨の価値に対する国際的信認が高いことである。

そして、国際通貨のなかでも、最も取引量が大きく中心的な地位を占める通貨を基軸通貨と呼ぶことがある。米ドルが、その取引量の大きさや為替媒介通貨としての機能から、しばしば基軸通貨といわれることがあるが、いかなる基

図表 5-11　国際通貨の機能分類

| 機能 | 民間部門 | 外為市場 | 公的部門 |
|---|---|---|---|
| 計算単位 | 表示通貨 | 為替媒介通貨 | 基準通貨 |
| 支払手段 | 取引通貨 |  | 介入通貨 |
| 価値保蔵 | 投資通貨 |  | 準備通貨 |

準をもって基軸通貨とすべきかの定義は必ずしも明確ではない。欧州通貨統合により誕生したユーロ通貨は，各国の外貨準備におけるシェアを拡大しているし，主要国の銀行が保有するユーロ通貨建ての対外資産シェアも近年増加傾向にあり，ドルに次ぐ国際通貨としての地位を確立しているといってよい。

**国際通貨制度**

国際通貨制度とは，異なる通貨を使用する各国の間で経済取引を行う上での決済を可能とする公式・非公式の法的枠組み・規制および慣行をいう。国際的な経済取引においては，全世界規模で法的通用力をもつ支払い手段としての通貨は，完全な形では存在していない。そのため，国際取引における支払・決済のための国際通貨制度は，概ね，以下のような変化を遂げてきた。

①金本位制（固定相場制）
②ブレトン・ウッズ体制（固定相場制）
③変動相場制（ただし，通貨当局による為替介入も行われる）

## 5.6-2　金本位制度

金本位制度とは，金を本位貨幣とする制度である。つまり，金の一定量が本位（度量単位）として固定され，これに対する貨幣の交換比率，つまり金の法定価格が定められる。イギリスでは，1821年に最初の公式な金本位制度が実施されたが，そこでは，1オンス＝3ポンド17シリング$10\frac{1}{2}$ペンスと定められていた。つまり，1ポンドが金0.24オンスの金量を有することとされた。これに基づいて金貨が鋳造されるとともに，イングランド銀行券の金兌換が行われた。その後，1870年代に入ると，ドイツ，フランス，日本，アメリカなど主要国をはじめ多くの国家が金本位制をとり，19世紀の**国際金本位体制**が確立されたのである。この制度の基本的特徴は，①各国が自国通貨を金の一定量と結び

つけ，②その交換比率で金と自国通貨の交換に応じること，③および金の国際的な取引を自由に認めることである。したがって，金価格を媒介として2つの通貨間の交換比率が自動的に算出される。そのため，金本位制の下における為替相場は，一種の固定相場制となっていたのである。

第一次世界大戦の勃発とともに，主要国は金本位制を停止し，戦後は一時的に金本位制に復帰したものの，1929年のニューヨークのウォール街での株価暴落を契機とする世界大恐慌がきっかけとなり，1930年代に入ると再び多くの国が金本位制から離脱した。その後，各国は金の保有量とは関係なく通貨が発行できる管理通貨制度へと移行していった。

## ■5.6-3 ブレトン・ウッズ体制

第2次世界大戦後の1946年に国際通貨基金（IMF）が設立され，戦後の主要先進諸国間における国際通貨体制の基本的枠組みが形成された。このIMF設立に向けた取決めが，米国ニューハンプシャー州のブレトン・ウッズにおいて締結されたため，後にIMF＝ブレトン・ウッズ体制と呼ばれるようになった。ここでは，金1オンスと35ドルの平価が決められるとともにドルの金への兌換が保証された。他方，各国通貨はドルに対する平価が決定され，為替レートを平価の上下±1％の範囲内での変動にとどめる固定相場制を維持する義務を負った。円は，1949年に1ドル＝360円の平価が定められ同体制に組み込まれていくことになった。この平価は，経常収支赤字などの基礎的不均衡が存在する場合にのみ変更が可能とされた。また，国際収支危機に陥った国々を支援するための各種の融資制度も整備された。

その後，敗戦国ドイツは，1950年代には「経済の奇跡」と呼ばれる高度成長を成し遂げ，ドル建て金融資産のストックを増加させた。他方，アメリカは，1960年代に入ると，対外債務を増加させ始め，ドルの金との兌換可能性に対する不信感が市場の間で徐々に高まっていった。

## ■5.6-4 ニクソン・ショックと変動相場制への移行

アメリカの経常収支は1960年代までは黒字を維持したものの，1971年には年間ベースではじめて赤字に転化した。また，ドルについては，当時のドイツ・

マルクや円に対してその平価が切り下げられることが予想され，巨額の資本が米国から日本・ドイツなどへ流出していた。こうした米国からの資本流出に歯止めをかけるために利子平衡税が導入された。これは，資本の流出に対して課税するというものであり，米国外の借り手が米国内に支払う利子・配当に課税を行うというものであった。しかし，その効果は限定的にとどまった。1971年8月には，ニクソン米大統領が，ドルの金による兌換保証を一方的に停止した（**ニクソン・ショック**）。これに対応して，主要国は一時変動相場制へと移行した。同年12月にはワシントンのスミソニアン博物館における会議において，ドルがマルクや円に対して平価を切り下げた中心レートによって，再び固定相場制を維持しようとしたが（**スミソニアン合意**），結局，1972年6月にはまずイギリスが変動相場制に移行し，日本は1973年2月に，EC（欧州共同体）諸国は，同年3月にそれぞれ変動相場制に事実上移行していった。

こうしてブレトン・ウッズ体制は終焉し，変動相場制の時代に入ったのである。ただし，ドル，円，ポンド，カナダ・ドルは，単独に変動相場制に移行したが，独マルク・仏フランは，相互に為替レートを安定化させつつ，共同で対ドルでフロートさせる制度をとった。こうした欧州域内通貨の共同フロート制は，1979年にスタートした**欧州通貨制度（EMS）**につながり，さらには，1999年の欧州単一通貨ユーロの誕生へと発展していくことになる。

1973年の第1次石油ショック，1979年の第2次石油ショックを経て，1980年代には，アメリカで財政赤字が拡大するとともに，景気拡大による長期金利上昇により，外国為替市場ではドル高が進行していた。こうした過度のドル高是正を目的として，1985年9月に，ニューヨークのプラザ・ホテルでG5（先進5か国蔵相・中央銀行総裁会議）が開催され，対外不均衡の解消を目的とした政策的合意がなされた（**プラザ合意**）。これに応じて，日米の間では，ドル高是正に向けた協調介入が実施されたこともあり，ドルは再び下落基調となった。1995年には，ドルが80円を割り込むところまで，円が買われる展開をみせた。

### ■5.6-5 通貨危機

1997年，タイのバーツ暴落を契機として，**アジア通貨危機**が起こった。1990

年代に入って，タイの金融自由化とともに外資系銀行がタイに進出していたが，当時の為替制度はバーツとドルの事実上の固定相場制であり，米国内金利とタイ国内金利の金利スプレッドが7％程度もあったため，米国投資家は，タイへの投資によって金利格差の分だけより高い収益を得ることができ，巨額の短期的な投資資金がタイに流入していた。しかし，1996年にはタイの経済成長が鈍化し，輸出に陰りがみえると，**ヘッジファンド**などの機関投資家は，バーツが過大評価されていると判断し，通貨アタック（投機的なバーツ売り）を仕掛けた。タイの通貨当局は，固定相場制を維持すべくバーツ買いドル売り介入で防衛したが，ついには外貨が底をつき，変動レートへと移行せざるを得なかった。結局，バーツの価値は対ドルで一時は約半分程度までに下落した。この影響は，アジア各国に波及し，フィリピン・ペソ，インドネシア・ルピア，韓国ウォンなどが大幅に下落し，次々に変動相場制へ移行した。こうしたアジア諸国の金融危機に対しては，IMFや世界銀行などの国際機関が金融支援を行うなどして対処している。

　その後，アジアでは，通貨危機の教訓を生かし，**地域金融協力**の動きが活発化し，IMF体制を補完するものとなっている。具体的には，2000年5月にタイのチェンマイで開催されたASEAN＋3（ASEAN諸国および日本，中国，韓国）財務相会議で，通貨危機に瀕した場合に各国が外貨準備を融通し合うという**通貨スワップ協定**が締結された（チェンマイ・イニシアティブ）。

　1998年には，アジアに続きロシアでも経済危機が起こった。国際的な機関投資家は，ドルで安いルーブル通貨を買い，それを利回りの高い短期のロシア国債の購入などで運用して収益を上げようとした。しかし，1998年8月には，ロシア経済の行き詰まりから，ルーブルの大幅な切り下げと債務不履行宣言（デフォルト）があり，ロシアからの急速な資本流出が起こった。ロシアに投資していた米国のヘッジファンド大手LTCM（Long-Term Capital Management）が多額の損失を計上し運用が破綻するなど，その影響は，国際金融システムにひろく及んだ。信用収縮（クレジット・クランチ）による金融システム不安に対応し，ニューヨーク連邦準備銀行（FRB）は，強力なイニシアティブをとって主要な欧米金融機関から約36億ドルにも及ぶ巨額の緊急融資によるLTCM救済策をとりまとめるとともに，迅速な利下げ政策を実施するなどし

て，危機の深刻化を回避した。

　こうした通貨危機から次のことが言えよう。まず，固定相場制をとる国家は，自由な資本移動を前提とした国際経済システムにおいては，ヘッジファンド等の通貨アタックにより，つねに通貨危機にさらされるリスクをもつことが明白となったのである。第2に，一国で起こった通貨危機は，非常に速い速度で他国へと伝播し，連鎖的な通貨危機につながることである。第3に，アジア通貨危機は，固定相場制から変動相場制への移行を促進する契機となったことである。

## 5.6-6　固定相場制か変動相場制か

　アジア通貨危機・ロシア経済危機は，変更可能な固定相場制（アジャスタブル・ペッグ制）であったブレトン・ウッズ体制の崩壊からおよそ四半世紀後に発生したが，この間，世界の諸地域において，いずれかの固定相場制を再構築する試みは，結果的に功を奏していないといえる。その最大要因は，グローバリゼーションによる国際資本移動の拡大であろう。自国の固定相場制を維持しながら，同時に資本の自由移動を達成しようとすると，投機筋による通貨アタックを通じて通貨危機を引き起こすということが，アジアのみならずヨーロッパにおいても，1992年から1993年にかけてのポンド危機，リラ危機（両通貨がEMSから離脱）というかたちですでに顕在化している。

　しかし，他方で，変動相場制の下であっても為替レートが大きな振れ幅で乱高下するような事態は，経済活動における不確実性を高め，市場の混乱をまねく要因となる。EUは，これに対しユーロという域内単一通貨を導入することによって，域内の為替相場を消滅させる通貨統合の道を選んだ。また，日本を含む先進主要国は，国際通貨制度の安定化のために，G7などの国際フォーラムを通じた国際協調を行うなどして，そうした危機的事態を回避すべく努力している。しかし，今日の国際通貨システムにおいては，依然として不確実性が完全に払拭されたとはいえない状況である。

## コーヒーブレイク

### Coffee Break
### サブプライム・ショックによる世界金融危機の本質とは？

　サブプライム・ローンは，信用力の低い個人向け住宅融資のことである。米国では，2007年にかけてサブプライム・ローンによる住宅バブルがはじけて金融危機が発生した（詳しくは第2章第4節参照のこと）。ただし，金融危機の要因はこれだけではない。キーワードは「証券化」だ。つまり，この住宅ローン債権が次々と証券化され幅広く機関投資家へと転売されていった。つまり，リスクが世界中の金融機関・投資家たちに「ばら撒かれた」のであり，ここに危機の本質がある。

　では，いったい証券化とは何なのだろうか。やや専門的な話になるが解説しよう。証券化商品の代表例は，ABS（資産担保証券）であるが，これは，Asset-Backed Securitiesの略で，たとえば，クレジットカード・ローン，自動車ローンなどをまとめて，それらの債権（資産）を担保として発行された債券のことである。サブプライム・ローン債権からはMBS（モーゲージ担保証券）がつくられた。さらに，ABSやMBSを裏づけとして発行されるのがCDO（債務担保証券）である。これは，まず元になる複数の債権をまとめ，次にそれをリスクの大小ごとに細分化してつくられる。このとき，債券部分は，①最もリスクが低く優良なシニアと，②中程度のリスクとリターン（利回り）で作られるメザニンの2つに分かれることが多い。そして最もリスクが高くリターンも高い部分はエクイティと呼ばれている。米国で住宅バブルが続いていた時期に，多くの欧米メガバンクは，SIVと呼ばれる金融子会社をつくり，短期の証券化商品を発行して資金を調達し（自己資本に比較して負債による資金調達の割合が高くなるので，これをレバレッジ型金融と呼ぶこととしよう），その資金でCDOを購入し高い利回りを得ていた。しかし，住宅バブルが崩壊すると，サブプライム債権をベースにつくられたCDOの市場価格が暴落する事態に陥った。こうした証券化商品を用いたレバレッジ型金融には危険な落とし穴が潜んでいたのだ。

# 第6章 数学的補論

経済学では，現実の様々な経済的な問題を，数式を用いたモデルを使って分析，考察する場合が多い。これは経済現象を数量的に捉える上でとても重要である。本章では主に第3章と第4章の内容を中心に，基本的な経済モデルを分析する方法について確認していく。

## 6.1　1次関数の性質

### 6.1-1　変数と関数

手始めに，携帯電話の料金について考えてみる。携帯電話の一般的な料金体系では，毎月決まった基本料金に月毎の通話時間に応じた通話料などが合計された金額が利用者に請求される。もちろん，各携帯電話会社の個別の料金プランは少し複雑であるが，ここでは話を単純化して，基本料金と通話料金だけで毎月の料金が決まると仮定する。実際，経済学に限らず，多くの学問ではこのような単純化の為の仮定がしばしばなされる。これは重要でない部分を取り除き，問題の本質をより明らかにする上でとても重要な作業である。このように，基本料金と通話料とで構成される携帯電話の毎月の料金は次の関係式で表すことができる。

　　　毎月の料金＝基本料金＋単位通話料金×通話時間　　　　　(6.1)

ここで通話料は単位通話料金（例えば1分毎の料金）に通話時間をかけたものになる。したがって，毎月の料金は毎月の通話時間が長くなる程増えていくことになる。

次に，(6.1)の関係式を，グラフを使って表す。横軸で通話時間，縦軸で料金を表すとすると，(6.1)式は次頁の図表6－1のように表すことができる。ここで単位通話料金は一定なので，図表6－1のグラフは右上がりの直線で表

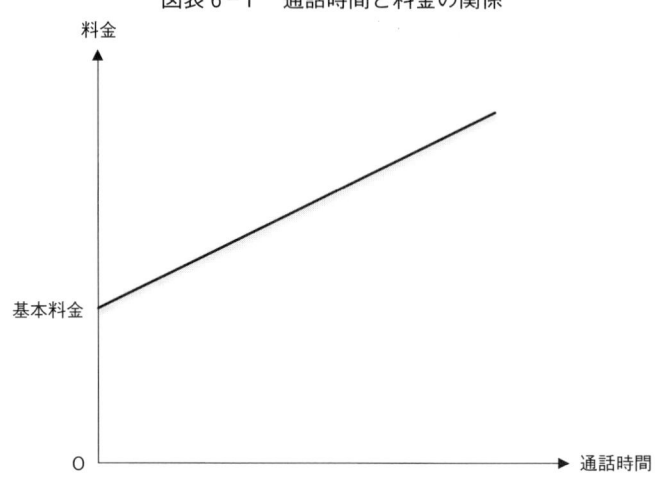

図表6-1　通話時間と料金の関係

すことができる。また，グラフの切片の値は基本料金に，そしてグラフの傾きは単位通話料金に対応している。

　ここで少し話を整理してみる。(6.1) 式のように単純化された携帯電話の料金体系では，毎月の料金は通話時間によって決まる。当然，通話時間は月によって長くなったり短くなったりする。そしてそれに応じて毎月の料金は増えたり減ったりする。このように，様々な値をとって変化する数を**変数**と呼ぶ。一方で，基本料金や単位通話料金は毎月決まった値をとる。このように一定の値をとって変化しない数を**定数**と呼ぶ。

　さて，通話時間や毎月の料金は変数であるが，決して両者は別々には決まらない。2つの変数の間には (6.1) 式のような関係が存在し，通話時間が決まると，それに応じて毎月の料金が確定する。このとき，「毎月の料金は通話時間の**関数**である」という。さらに，毎月の料金は通話時間に応じて一定の割合（単位通話料金）で増加する。言い換えると，毎月の料金は通話時間の一次方程式として表されている。このような関数を一般に**1次関数**と呼ぶ。

## ■6.1-2　1次関数の傾き

　本書のこれまでの内容からも分かるように，経済学ではモノの値段や生産量など，様々な値を関数として表して分析する。その中でも，1次関数は最も基本的な関数として，多くの分析に利用されている。本節ではこの1次関数の基本的な性質を見ていく。そのためには，携帯電話の話に限定した（6.1）式では扱いが少々面倒となる。そこでこれをより一般的なケースで考えられるように修正する。毎月の料金を$y$，通話時間を$x$，単位通話料金を$a$，そして基本料金を$b$に書き換える。すると1次関数の式は次のようになる。

$$y = ax + b \tag{6.2}$$

　（6.2）式では$y$は切片$b$，傾き$a$となる$x$の1次関数である。更に6.1-2の内容を踏まえると，$y$と$x$は変数であり，$b$と$a$は定数である。したがって，$y$の値は$x$の値に応じて$a$の割合で変化する。そのため，傾き$a$を$y$の**変化率**と呼ぶ場合がある。

　図表6-2には（6.2）式の関数の異なるグラフが描かれている。左側の（1）のグラフでは$a$が正の数であり，グラフは右上がりの直線になってい

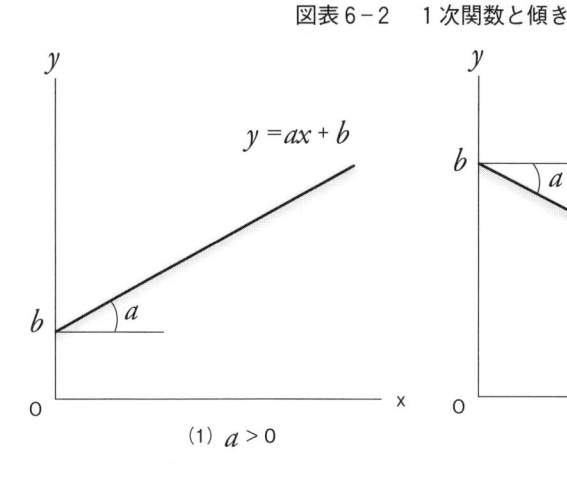

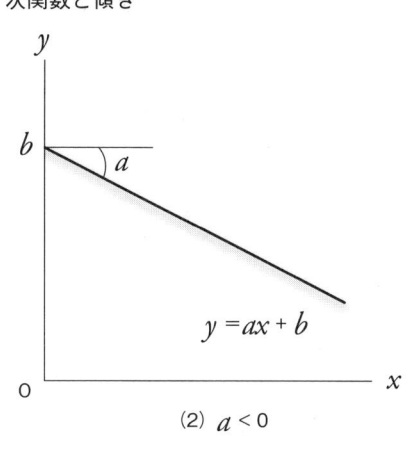

図表6-2　1次関数と傾き

(1) $a > 0$　　　　　　　　　(2) $a < 0$

る。このとき，$x$の値が増加すると$y$の値も増加しているので，「$x$と$y$は**正の相関関係**にある。」という。一方で，右側の（2）のグラフでは$a$は負の数であり，グラフは右下がりの直線になっている。このとき，$x$の値が増加すると$y$の値が減少しているので，「$x$と$y$は**負の相関関係**にある。」という。このように，変化率$a$の符号は$y$と$x$の相関関係を表している。

次に$a$の絶対値の大きさについて考える。まず$a$の絶対値が大きくなると（その符号に関係なく）直線の傾きは急になり，変化率は大きくなる。そして$a$の絶対値が更に大きくなって無限大に向かうと，直線の傾きは垂直に近づく。反対に$a$の絶対値が小さくなると，直線の傾きは緩やかになり，変化率は小さくなる。そして$a$の絶対値が更に小さくなってゼロになると，直線の傾きは水平になる。このように，$a$の絶対値の大きさは1次関数のグラフの傾き，つまり$x$に対する$y$の変化率の大きさを表している。（図表6-3を参照）

経済学では価格や取引量，生産量などを変数として捉え，それらが経済を取り巻く環境の変化に対してどう変動するのかを分析している。（6.2）式のケースでは，$x$の値を変化させるとそれに応じて$y$の値が1つに決まる。ここでは$x$と$y$の値は1対1の関係で決まるので，その組み合わせは座標$(x, y)$として表すことができる。実際，関数のグラフは$x$の値を変化させた時に定まる座標の集まりといえる。つまり，（6.2）式の条件を満たすような$x$と$y$の組み合

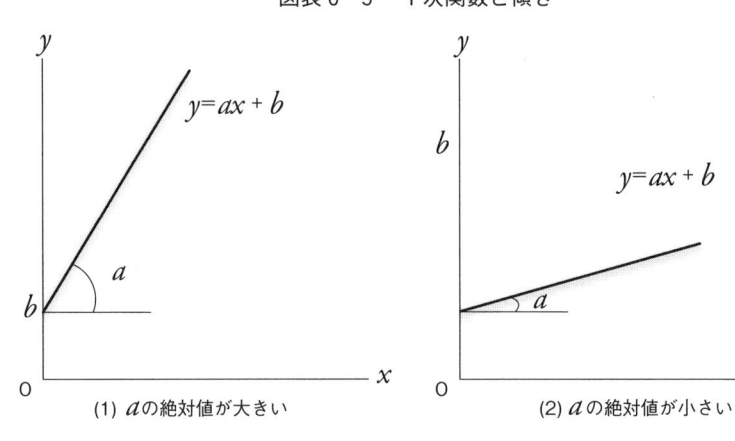

図表6-3　1次関数と傾き

(1) $a$の絶対値が大きい

(2) $a$の絶対値が小さい

図表6-4　直線の交点と連立方程式の解

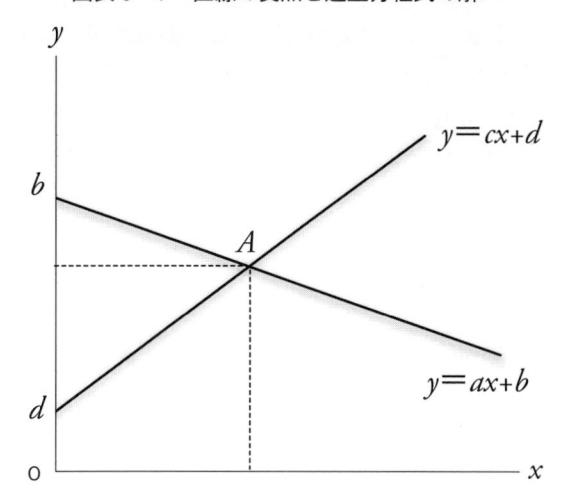

わせ（座標）は無数に存在するので，(6.2) 式だけでは $x$ や $y$ の値を1つに決めることは出来ない。したがって，値を決めるためには $x$ と $y$ の関係式（条件）をもう1つ定める必要がある。

上記の図表6-4では，(6.2) 式の他にもう1つの1次関数

$$y = cx + d \tag{6.3}$$

のグラフが描かれており，それらは点 $A$ で交わっている。つまり，(6.2) 式と (6.3) 式を同時に満たすような $x$ と $y$ の組合せはただ1つだけである。このような $x$ と $y$ の組み合わせ，つまり交点 $A$ の座標を求める方法として，2つの式の連立方程式の解法を次に見ていく。

まず，簡単な数値例で確認する。以下の2つの1次関数が与えられているとする。

$$y = 2x + 3 \quad \cdots\cdots ①$$
$$y = x + 5 \quad \cdots\cdots ②$$

# 第6章 | 数学的補論

連立方程式の解法は幾つかあるが，ここでは①から②を引いてまず$x$だけの式にする。①－②より$0 = x - 2$となり，これを整理すると$x = 2$となる。そしてこれを②に代入することで$y = 7$が得られる。

次に (6.2) 式と (6.3) 式を使ってより一般的な形の解を求めていく。数値例と同様に (6.2) 式から (6.3) 式を引き，これを整理すると

$$
\begin{aligned}
y - y &= (ax + b) - (cx + d) \\
0 &= (a - c)x + b - d \\
(c - a)x &= b - d \\
x &= \frac{b - d}{c - a}
\end{aligned}
\tag{6.4}
$$

が得られる。そして (6.4) 式を (6.2) 式に代入することで

$$
\begin{aligned}
y &= ax + b \\
y &= a\left(\frac{b - d}{c - a}\right) + b \\
y &= \frac{ab - ad}{c - a} + \frac{bc - ab}{c - a} \\
y &= \frac{bc - ad}{c - a}
\end{aligned}
\tag{6.5}
$$

となる。したがって，(6.2) 式と (6.3) 式の連立方程式の解は

$$
(x, y) = \left(\frac{b - d}{c - a}, \frac{bc - ad}{c - a}\right)
\tag{6.6}
$$

となる。

ここで連立方程式の解 (6.6) 式で$x$と$y$が共に正の値を取るケースを考えてみる。(このことは経済学ではとても重要である。) とはいっても，一般的な条件を考えるのは少々ややこしいので，分母が正，つまり$c > a$である場合に限定して考える。このとき，2つの関数の切片$b$と$d$で$b > d$の条件が満たされるとき，$x$の値は常に正となる。また，条件$c > a$と$b > d$が満たされている場合，$b$と$d$が共に正であるならば，$y$の値も正となる。

## 6.2 1次関数の応用1〜ミクロ経済学編〜

### ■6.2-1 市場均衡

　前節では1次関数の基本的な性質を確認した。本節ではこれを第3章のミクロ経済学の議論に応用することを試みる。第3章では需要曲線と供給曲線を用いて市場均衡点を求めた（3.4-1を参照）。ここでは1次関数の連立方程式を用いて同じように市場均衡点を求める方法を考える。

　まず需要曲線，供給曲線をそれぞれ1次関数で表す。第3章では数値例として需要曲線，供給曲線がそれぞれ1次関数で表されていた。ここでは需要曲線に関してその数値例をそのまま用いる。価格を$p$，数量を$x$とおくと，需要曲線は

$$p = -1000x + 5000 \tag{6.7}$$

となる。ちなみに，第3章ではこれを需要関数と呼んでいた。経済学では通常，価格を縦軸，数量を横軸にとってグラフを描く。そのため，便宜上需要曲線の式は上記の（6.7）式のように表される。このように価格と需要量を表す関数を一般に需要関数と呼ぶ[1]。

　次に供給曲線は

$$p = 1000x + 1000 \tag{6.8}$$

とする。（6.8）式は市場価格$p$に対して供給量$x$が決まる関係式であり，供給関数とも呼ばれる[2]。

---

[1]. 厳密には需要関数は市場価格（$p$）に対して需要量（$x$）が求まる関数を言いう。そうすると，（6.7）式は対応関係が逆になっていることが解る。したがって，（6.7）式は正確には「逆需要関数」と呼ばれているが，混乱を避ける為にここでは需要関数と呼ぶことにする。
[2]. （6.7）式の需要関数同様，（6.8）式も厳密には「逆供給関数」であるが，ここでは供給関数と呼ぶことにする。

# 第6章 数学的補論

ここで需要関数（6.7）式，供給関数（6.8）式の性質について再度確認しておく。（6.7）式では，傾きは負であり，逆に（6.8）式では傾きは正である。つまり，市場価格と需要量には負の相関関係があり，これは**需要法則**と呼ばれている。一方で，市場価格と供給量とには正の相関関係があり，これは**供給法則**と呼ばれている。需要曲線や供給曲線を関数として表すことで，これらの性質を明確に確認することができる。

次に，これら2つの関数を使って市場均衡を求める。第3章では市場均衡は需要曲線と供給曲線の交点で求められることを確認した。したがって，（6.7）式と（6.8）式の連立方程式の解を求めれば，均衡点，つまり，均衡価格と均衡取引量の組み合わせを求めることが出来る。まず（6.7）式から（6.8）式を引き，これを $x$ について整理すると

$$x^* = 4000 / 2000 = 2 \tag{6.9}$$

となる。この $x^* = 2$ を（6.7）式（または（6.8）式）に代入することで $p^* = 3000$ を得る。したがって，市場均衡点は $(x^*, p^*) = (2, 3000)$ となる。

6.1-2では連立方程式の解が正の値をとる条件について確認した。現実の経済では，市場均衡点の座標（つまり均衡価格と均衡取引量）は正の値である必要がある。（もし価格や取引量が負の値だったらどんな問題が生じるか？）ここで改めて（6.2）式を需要関数，（6.3）式を供給関数と考えて，均衡点の座標が正となる条件を考える。需要法則が成立するとき，需要関数の傾きは負（$a<0$）であり，また供給法則が成立するとき，供給曲線の傾きは正（$c>0$）となる。このとき，常に $c>a$ の関係が成り立っているので，2つの関数の切片 $b$ と $d$ が共に正でかつ $b$ が $d$ より大きい（$b>d>0$）ならば，均衡点の座標は常に正となる[3]。

---

3. 条件 $b>d>0$ は，「需要量がゼロとなる価格が供給量がゼロとなる価格より高い。」ということを意味している。これは需要法則と供給法則を前提とするなら，需要量と供給量を一致させる価格が必ず存在し，その価格で取引が成立することにつながる。

## 6.2-2 需要曲線・供給曲線のシフトと均衡点の移動

次に，需要曲線や供給曲線がシフトした時均衡点がどう変化するのかを考える。ここでは一般的なケースを考え，需要曲線を

$$p = ax + b \quad (a<0, \ b>0) \tag{6.10}$$

で，そして供給曲線を

$$p = cx + d \quad (c>0, \ d>0) \tag{6.11}$$

で表す。このとき，(6.6) 式より均衡点の座標 $(x^*, p^*)$ は

$$(x^*, p^*) = \left( \frac{b-d}{c-a}, \ \frac{bc-ad}{c-a} \right) \tag{6.12}$$

で定まる。

まず図表6-5を使って供給曲線のシフトについて考える。供給曲線が下方シフトするケースは供給関数 (6.11) 式の切片 $d$ の値が小さくなるケースに対応している。($d$ から $d_1$ への変化) このとき，(6.12) 式から均衡取引量 $x^*$ が増加し，均衡価格 $p^*$ が下落している。(均衡点 $e$ から均衡点 $e_1$ への変化) 反対に，供給曲線が上方にシフトするケースは，$d$ の値が大きくなるケースに対応している。($d$ から $d_2$ への変化) このとき，$x^*$ が減少し，$p^*$ が上昇する。(均衡点 $e$ から均衡点 $e_2$ への変化)

次に図表6-6を使って需要曲線のシフトについて考える。需要曲線が下方にシフトするケースは，需要関数 (6.10) 式の切片 $b$ の値が小さくなるケースに対応している。($b$ から $b_1$ への変化) このとき，(6.12) 式から $x^*$ が減少し，$p^*$ が下落することが解る。(均衡点 $e$ から均衡点 $e_1$ への変化) 反対に，需要曲線が上方にシフトするケースは，$b$ の値が大きくなるケースに対応している。($b$ から $b_2$ への変化) このとき，$x^*$ が増加し，$p^*$ が上昇する。(均衡点 $e$ から均衡点 $e_2$ への変化)

# 第 6 章 | 数学的補論

図表 6-5　供給曲線のシフトと均衡点の変化

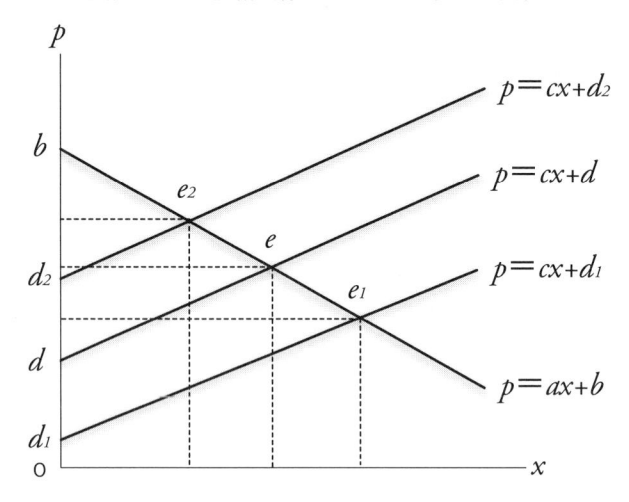

図表 6-6　需要曲線のシフトと均衡点の変化

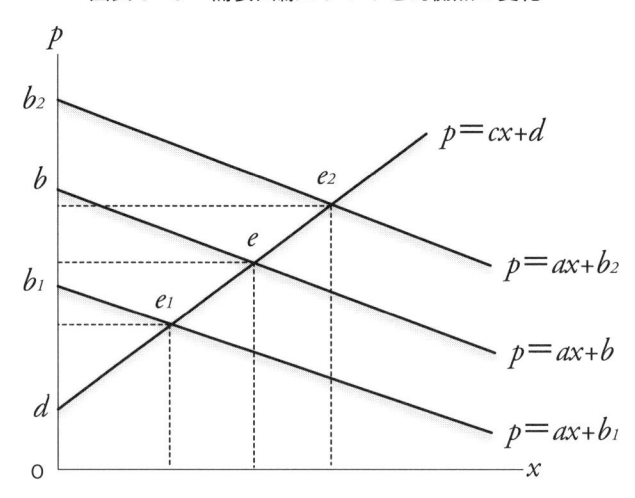

## 6.3 １次関数の応用２～マクロ経済学編～

　第4章ではマクロ経済学の基本的な内容について学習した。マクロ経済学では一国の経済状態を表す様々なデータについて分析する。その中でも最も重要なデータといえるのがGDPである。本節では，1次関数を使ってGDPを求める方法について考えていく。

### ■6.3-1　マクロ経済の均衡

　GDPは支出，生産，分配の3つの側面から捉えることができる。財の総需要を表す支出GDPは，主に①消費，②投資，③政府支出，④純輸出の4つの項目で構成されている。財の総供給を表す生産GDPは，これらの支出に対する財の供給量の合計である。そして分配GDPは，これらの生産のために提供した労働や資本の対価として受け取った⑪賃金や⑫利子・配当の合計である。（詳細は第4章で確認されたい。）

　マクロ経済学では，総需要（支出GDP）と総供給（生産GDP）が一致する状態，つまりマクロ経済の均衡状態を考える。ここで消費を$C$，投資を$I$，政府支出を$G$，そして純輸出を$NX$で表す。そして財の総供給を$Y$で表すと，マクロ経済の均衡状態は

$$Y = C + I + G + NX \qquad (6.13)$$

で表すことができる。

　(6.13) 式が成立することで定まる$Y$（つまりGDP）の値を**均衡GDP**と呼ぶ。マクロ経済学では，一国の経済を取り巻く環境が変化したとき，あるいは政府が様々な政策を実施したとき，この均衡GDPがどのように変化するかを考える。しかし，これら$Y$, $C$, $I$, $G$, $NX$は変数であり，それらの値は状況に応じて様々に変化する。もし，これらの変数をバラバラに考えていると，(6.13) 式を満たす組合せは無数に存在することになり，分析が非常に複雑になる。したがって，ここでは幾つかの仮定を導入して話を進める。

# 第6章 数学的補論

　まず消費 $C$ は総供給 $Y$ の大きさに依存して決まると仮定する。第4章でも確認したが，一般には家計の消費の大きさは家計が受け取ることの出来る所得の大きさに応じて決まる。そして，この所得は生産活動の対価として受け取るものなので，家計全体の所得は総供給の大きさに応じて決まると考えられる。したがって，ここでは消費 $C$ を総供給（総所得）$Y$ の関数（**消費関数**）として考える。

　次に消費関数の性質について考える。総供給（つまり総所得）が増えれば，家計全体の消費も増えると考えられる。第4章では所得が1単位増加したときの消費の増加分のことを**限界消費性向**と呼んだ。そしてこの限界消費性向は消費関数の傾き（変化率）である。では，もし所得がゼロであった場合，消費の大きさはどうなるのか？　一般の個人のケースを考えてもわかるが，人々が生きていく上では最低限の消費が必要であり，それは所得の大きさとは直接は関係ない。つまり，所得がゼロだからといって消費もゼロになることはない。また，毎月のアパートの家賃のように，所得の増減に左右されない消費も存在する。これらの点を踏まえ，ここでは次のような簡単な消費関数を考えることにする。

$$C = cY + d \quad (0 < c < 1, \ d > 0) \tag{6.14}$$

　ここで $c$ は限界消費性向を，そして $d$ は所得の大きさに左右されない消費の量を表している。ここで注意したいのは，限界消費性向 $c$ は0と1の間の値を取るという点である。もし我々が1万円の臨時収入を得たとき，それによって増加する消費の量は最大でも1万円である。しかし，中にはすべてを貯金して使わない人もいると考えられる。それらを踏まえると，経済全体で1単位の所得の増加に対する消費の増加分は0から1の間に決まることがわかる。ちなみに，(6.14) 式のような消費関数は「**ケインズ型の消費関数**」とも呼ばれている。

　消費が総供給（総所得）によって決まることを確認したが，総需要の他の項目はどのようにして決まるのか？　企業の投資や政府支出の大きさは一般的には総所得の大きさに影響を受けると考えられる。しかし，通常その関係は消費

ほど明確ではない。また，純輸出は海外との貿易の結果が反映されるため，国内の経済事情だけでは決まらない。そこで，話を単純にするため，消費以外の総需要の項目，つまり投資 $I$，政府支出 $G$，そして純輸出 $NX$ は変化せず，一定の値を取ると仮定する。そうすると，マクロ経済の均衡を表す（6.13）式は総供給 $Y$ と消費 $C$ の関係式として考えることができる。一方で，消費関数（6.14）式もまた総供給 $Y$ と消費 $C$ の関係を表している。つまり，（6.13）式と（6.14）式の連立方程式を解くことで，（6.13）式を満たす（つまりマクロ経済が均衡する）$Y$ の値である均衡 GDP を求めることができる。

以下に均衡 GDP を求めていく。（6.14）式の消費関数を（6.13）式に代入して $Y$ に関して整理すると

$$Y^* = C+I+G+NX$$
$$Y^* = cY^* + d + I + G + NX$$
$$(1-c)\ Y^* = d + I + G + NX$$
$$Y^* = \frac{d+I+G+NX}{1-c} \tag{6.15}$$

となり，均衡 GDP が求まる。ここで $0 < c < 1$ から $1 - c > 0$ であることに注意する。

## ■6.3-2　景気変動と均衡 GDP の変化

第 4 章では景気循環（GDP の変動）が起こる原因や仕組みについて考えた。そこでは，ケインズ派の景気循環論によると，家計が将来に対して不安を抱き，貯蓄を増やそうとすると，それが引き金となって消費や国民所得が減少し，更なる悪循環を招くこと（負の波及過程）が指摘されている。ここでは（6.15）式の均衡 GDP からこの点について確認していく。

家計の限界消費性向を $c$ とすると，所得が 1 万円増えたときの消費の増加分は $c$ 万円となり，貯蓄の増加分は $(1-c)$ 万円となる。つまり，限界消費性向が $c$ で表されるとき，1 単位の所得の増加に対する貯蓄の増加分を表す限界貯蓄性向は $1-c$ となる。家計が将来に不安を抱き，貯蓄を増加させるということは，この限界貯蓄性向が上昇（つまり限界消費性向が低下）することを意

味する。このとき、消費関数 (6.14) 式から、同じ $Y$ の値に対して消費 $C$ が減少する。さらに、(6.15) 式より均衡 GDP が減少する[4]。このように、家計が貯蓄を増やそうとして限界貯蓄性向を上昇させても、国民所得が減少するため、結果的には貯蓄は増加しない「貯蓄のパラドックス」が生じる。(詳細は第 4 章を参照)

この負の波及過程についてもう少し詳しく見ていく。国民所得の減少は企業の経済の見通しを悪化させ、結果として投資を減少させる可能性がある。ここで企業が投資 $I$ の量を $\Delta I$ だけ減少させたとする。(ここで $\Delta$ は変化分を表す記号である。) このとき、(6.15) 式より均衡 GDP は

$$Y^{**} = \frac{d + I - \Delta I + G + NX}{1 - c} \tag{6.16}$$

に減少する。ここで (6.16) 式から (6.15) 式を辺々引くと、その減少分は

$$\Delta Y = -\frac{\Delta I}{1 - c} \tag{6.17}$$

であることがわかる。更に $1 - c$ が 1 より小さいことに注意すれば、投資の減少分よりも均衡 GDP の減少分が大きくなっていることがわかる。例えば、限界消費性向が 0.8 ($c = 0.8$) である場合、均衡 GDP の減少分は投資の減少分の 5 倍にもなる[5]。

このように、景気の悪化に伴う総需要の減少は、負の波及過程を通じて国民所得を大きく減少させる。そこで政府はしばしば景気対策として政府支出を増加させる。なお第 4 章ではこれが正の波及過程を通じて国民所得を増加させることが指摘されている。そしてこの点についても均衡 GDP の式から確認することができる。

ここで政府が景気対策のために支出を $\Delta G$ だけ増加させたとする。このとき、(6.15) 式より均衡 GDP は

---

[4] 限界貯蓄性向 ($1 - c$) が増加すると (6.15) 式の分母が大きくなるので均衡 GDP の値は小さくなる。
[5] 実際 $c = 0.8$ より $1 / (1 - c) = 1 / 0.2 = 5$ となり、$\Delta Y = -5 \Delta I$ となる。

$$Y^{**} = \frac{d+I+G+\Delta G+NX}{1-c} \tag{6.18}$$

に増加する。ここで（6.18）式から（6.15）式を辺々引くと，その増加分は

$$\Delta Y = \frac{\Delta G}{1-c} \tag{6.19}$$

であることがわかる。つまり，投資が減少するケースとは全く逆に政府支出の増加分より均衡 GDP の増加分の方が大きくなっている。これが正の波及効果の意味である。

　投資や政府支出など，総需要の増減が波及過程を通じてその数倍の均衡 GDP の変化に繋がる理由は何か？　そのことを確認するために，政府支出の増加を例に波及過程をもう少し詳しく見ていく。

　例えば政府支出が 1 兆円増加したとする。これは総需要が 1 兆円増加したことを意味するので，第 1 段階では総供給（国民所得）の増加も 1 兆円だけである。一方で，消費関数（6.14）式より，国民所得の 1 兆円の増加は $c$ 兆円の消費の増加をもたらす。消費が $c$ 兆円増加するということは総需要が $c$ 兆円増加するということなので，第 2 段階として国民所得は更に $c$ 兆円増加する。そして $c$ 兆円の所得増加は $c \times c = c^2$ 兆円の消費増加をもたらし，第 3 段階として $c^2$ 兆円の所得増加に繋がる。この波及過程は無限に続くことになるので，1 兆円の政府支出の増加が最終的にもたらす国民所得の増加分は

$$\Delta Y = 1 + c + c^2 + c^3 + \cdots \tag{6.20}$$

となる。ここで（6.20）式の右辺は初項 1、等比 $c$（$0 < c < 1$）の無限等比級数である。したがって，公式により（6.20）式は

$$\Delta Y = 1 + c + c^2 + c^3 + \cdots = \frac{1}{1-c} \tag{6.21}$$

と書き換えることができる。ここで$0<c<1$より，$1/(1-c)$は1より大きくなる。したがって，1兆円の政府支出の増加はその$1/(1-c)$倍の波及効果をもたらすことになる。

(6.21) 式の右辺の値は一般に**乗数**と呼ばれる。乗数は投資や政府支出の変化が波及過程を通じて国民所得（均衡GDP）に与える影響の大きさを表している。そして政府支出の変化分$\varDelta G$に対する国民所得の変化分$\varDelta Y=\varDelta G/(1-c)$を**政府支出乗数**，投資の変化分$\varDelta I$に対する国民所得の変化分$\varDelta Y=\varDelta I/(1-c)$を**投資乗数**とそれぞれ呼ぶ。

### ■6.3-3　ISバランス

第4章では「**貯蓄・投資差額（ISバランス）**」と財政・貿易収支の関係について述べている。以下にこのことを簡単に確認してみる。そのために，まず経済全体の貯蓄$S$について考える。一般に貯蓄とは収入から支出を引いた差額であり，マクロ経済全体では国民所得から消費と税金を引いたものとして考えることができる[6]。ここで経済全体の税金を$T$で表すと，貯蓄$S$は

$$S = Y - C - T \tag{6.22}$$

となる。したがって，(6.22) 式と (6.13) 式からISバランスは

$$S - I = Y - C - T - I = G + NX - T \tag{6.23}$$

となり，これを整理すると

$$NX = (S-I) + (T-G) \tag{6.24}$$

を得る。

---

6. 例えば毎月の収入から1万円を残して預金しているとする。この月々の預金額を経済全体で合計したものがマクロ経済学で考える貯蓄である。したがって，貯蓄とは経済全体の預金口座の残高の合計のことではない。

(6.24) 式は貿易収支（純輸出）が貯蓄・投資差額（$S-I$）と財政収支（$T-G$）の合計になっていることを意味している。この IS バランスは GDP の三面等価の原則により常に成立するので，(6.24) 式を使ってマクロ経済に関する興味深い指摘をすることができる。

　これまでの日本経済は巨額の貿易黒字を計上する一方で，政府は財政赤字に悩まされていた。このことを (6.24) 式にあてはめると，純輸出 $NX$ がプラスである一方で，財政収支 $T-G$ はマイナスであることを意味している。このことから，日本の貯蓄・投資バランスは大幅なプラス，つまり貯蓄超過であることがわかる。これは質素・倹約を美徳とし，貯蓄に励む日本の国民性を象徴しているとも言われている。しかし一方で，貯蓄 $S$ の額が大きいということは個人消費（$C$）が伸び悩んでいる状況にも関係している。また，民間部門の大幅な貯蓄超過は，企業が銀行から資金を借り入れて投資を行う**間接金融**が，戦後日本経済の民間投資において主流であった背景ともなっている。

　一方で，アメリカは貿易赤字と財政赤字という「双子の赤字」に悩まされてきた。また，1990 年代後半にアメリカ政府の財政赤字が解消され，黒字に転換した時もアメリカの貿易収支は赤字のままであった。これは貿易収支（$NX$）がマイナスとなる原因が，財政収支（$T-G$）がマイナスであるだけでなく，IS バランス（$S-I$）がマイナス，つまり民間部門が投資超過であることを意味している。これはアメリカ国民の旺盛な消費意欲だけでなく，アメリカ国内で常に活発な投資が行われていることが背景にある。そのため，アメリカの企業では銀行からの借り入れではなく，証券市場から直接資金を調達して投資を行う**直接金融**が主流となっている。

## コーヒーブレイク

*Coffee Break*
### 経済学は「社会科学の女王」

　経済学を学ぶ多くの学生にとって，数学は大きな悩みの種である。実際，経済学部はいわゆる文系の学部として位置付けられているため，「数学が苦手だから文系を選んで経済学部に進学した。」という学生も少なくない。とはいえ，現実の経済活動を数量的に捉えることはとても重要であり，特にビジネスの世界では数字が全てといっても過言ではない。したがって，経済学ではこれまで数理的な理論や手法を用いた分析・考察が盛んに行われ，多くの成果を挙げてきた。そのため，経済学はしばしば「社会科学の女王」と呼ばれている。さらに，現在の経済学はその理論的な体系が整備されたことで，物理学や数学と同様にその基本的な内容は世界標準化されている。つまり世界中のどこの大学で経済理論を学んだとしても，ほぼ同じ内容の教育が受けられるようになっているのだ。

　このようなことから，現在のノーベル賞では社会科学の諸分野を代表して「ノーベル経済学賞*」が設けられており，その受賞者は広く称えられている。これまでのノーベル経済学賞の受賞者の功績は多岐にわたるが，その受賞理由の多くは，経済の諸問題を解決するための新しい数理的な理論を確立した点にある。残念ながら本書を執筆中の現在，日本人の受賞者は現れていない。（ノーベル賞の6部門の中で，経済学賞は唯一日本人受賞者のいない部門である。）しかし，他の学問分野に負けず，経済学の分野においても活躍している日本人は数多く存在する。近い将来，日本人初のノーベル経済学賞受賞者が現れることが期待されている。

---

＊ノーベル経済学賞はアルフレッド・ノーベルの遺言に基づいて創設された賞ではなく，正式名称は「アルフレッド・ノーベル記念スウェーデン銀行賞」である。しかし，その受賞者の選考は物理学賞や化学賞と同じくスウェーデン王立科学アカデミーが行い，授賞式はその他の賞と同様に行われている。

# 参考図書

## 第1章

- 浅子和美他［2007］『グラフィック経済学』新世社
- 関東学院大学経済学部（編）［2000］『これから始める経済学・経営学』東洋経済新報社
- スティグリッツ，J. E.（藪下史郎他訳）［2005］『スティグリッツ入門経済学（第3版）』東洋経済新報社
- マンキュー，N. G.（足立英之他訳）［2008］『マンキュー入門経済学』東洋経済新報社

## 第2章

- 秋元営一［1999］『世界大恐慌　1929年に何がおこったか』講談社選書メチエ
- 石井寛治［1991］『日本経済史（第2版）』東京大学出版会
- 石見徹［1999］『世界経済史　覇権国と経済体制』東洋経済新報社
- ウォーラスティン，I.（川北稔訳）［1993］『近代世界システム　1600～1750　重商主義と「ヨーロッパ世界経済」の凝集』名古屋大学出版会
- ウォーラスティン，I.（川北稔訳）［1997］『近代世界システム　1730～1840s　大西洋革命の時代』名古屋大学出版会
- 川北稔［1983］『工業化の歴史的前提　帝国とジェントルマン』岩波新書
- 北原勇・鶴田満彦・本間要一郎（編）［2001］『資本論体系10　現代資本主義』有斐閣
- 楠井敏郎他［1995］『エレメンタル西洋経済史』英創社
- 鶴田満彦（編）［1990］『新版　入門経済学　常識から科学へ』有斐閣
- 富塚良三［1976］『経済原論　資本主義経済の構造と動態』有斐閣
- ハドソン，P.（大倉正雄訳）［1999］『産業革命』未来社
- 原輝史・工藤章（編）［1996］『現代ヨーロッパ経済史』有斐閣

参考図書

・ホブズボーム，E. J.（柳父圀近他訳）［1981／82］『資本の時代Ⅰ・Ⅱ　1848〜1875』みすず書房
・ホブズボーム，E. J.（野口建彦他訳）［1993／98］『帝国の時代Ⅰ・Ⅱ　1875〜1914』みすず書房
・三和良一［2002］『概説日本経済史　近現代（第2版）』東京大学出版会
・三和良一・原朗（編）［2007］『近現代日本経済史要覧』東京大学出版会
・山中隆次・鶴田満彦・吉原泰助・二瓶剛男［1976］『マルクス資本論入門』有斐閣

## 第3章

・伊藤元重［2003］『ミクロ経済学（第2版）』日本評論社
・マンキュー，N. G.（足立英之他訳）［2005］『マンキュー経済学Ⅰ　ミクロ編』東洋経済新報社

## 第4章

・岩田規久男［2000］『金融』東洋経済新報社
・関東学院大学経済学部（編）［2003］『日本のいまを知る ILLUSTRATION 経済学・経営学』東洋経済新報社
・吟谷泰裕・高屋定美・中野正裕・西山博幸［2006］『国際化時代のマクロ経済』実教出版
・黒田晃生［1998］『金融政策の話』日本経済新聞社
・細野薫・石原秀彦・渡部和孝［2009］『グラフィック金融論』新世社
・宮本守［1997］『日本の銀行業と横並び』多賀出版

## 第5章

・大村敬一・浅子和美・池尾和人・須田美矢子［2004］『経済学とファイナンス（第2版）』東洋経済新報社
・上川孝夫・藤田誠一・向壽一（編）［1999］『現代国際金融論』有斐閣ブックス
・橋本優子・小川英治・熊本方雄［2007］『国際金融論をつかむ』有斐閣
・武藤敏郎・大和総研（編）［2009］『米国発金融再編の衝撃』日本経済新聞社

## 第6章

・青木和彦他（編）［2005］『岩波　数学入門辞典』岩波書店

・チャン，A.C.・ウェインライト，K.（森崎初男他訳）［2010］『現代経済学の数学基礎（第4版）（上）』シーエーピー出版
・マンキュー，N.G.（足立英之他訳）［2008］『マンキュー入門経済学』東洋経済新報社
・吉川洋［2001］『マクロ経済学（第2版）』岩波書店

# 索　引

## あ　行

IS バランス　112
相対（あいたい）取引　126
アジア通貨危機　169
アダム・スミス　15
アナウンスメント効果　128
アブソープション・アプローチ　147
安定・成長協定　162
EPA　137
EU（欧州連合）　52
一次関数　174
一物一価の法則　154
一般会計　114
インターバンク市場　149
インフレーション　101
失われた10年　46
ABS（資産担保証券）　172
FTA　137
M&A（合併・買収）　48
ME 化，ロボット化　44
円高　150
欧州中央銀行（ECB）　162
欧州通貨制度（EMS）　169

## か　行

海外（対外）直接投資　141
外貨準備増減　143
開国　34
外国為替取引　148
外国為替レート　148
介入的自由主義　32

外部性の内部化　84
価格交渉力格差　8
価格調整　4
格差の拡大　49
家計　3, 57
加工貿易　134
過剰生産　22
可処分所得　110
課税の簡素性　115
課税の公平　115
課税の中立性　115
寡占　80
価値財　113
GATT　135
カバー付き金利裁定式　160
カバーなし金利裁定式　160
ガバナンス　9
貨幣　16, 163
為替介入　151
為替媒介通貨　165
関数　174
関税自主権　38
間接金融　123, 189
完全競争　79
完全雇用　107
企業　3
企業内貿易　140
技術　64
供給　57
　——の価格弾力性　72
供給関数　179
供給曲線　63, 179

# 索　引

供給表　63
供給法則　180
恐慌　22
競争　18, 19
均衡供給量　69
均衡 GDP　183
均衡需要量　69
均衡取引量　69
近代世界システム　25
金本位制度　167
金融の証券化　127
近隣窮乏化政策　135
グリーン・フィールド投資　141
グローバル化　47
クロス・ボーダー M&A　141
クロスレート　165
軍用手票　131
景気循環　19
経済安定の機能　114
経済過程への国家の介入　23, 24
経済主体　3, 140
経常収支　143
ケインズ　23
ゲーム行列　91
限界消費性向　110
限界貯蓄性向　110
原始共同体社会　20
建設国債　120
公共財　7
合成の誤謬　111
構造改革　49
高度成長期　40
購買力平価説　154
後発産業革命　27
効率的　77, 79
国際収支統計　143
国際通貨　164
国民通貨　148, 164

国民負担率　117
固定相場制　167
混合経済　34
混合戦略　100

## さ　行

財（goods）　1
　——の供給関数　66
　——の供給曲線　66
　——の需要関数　66
　——の需要曲線　66
財・サービス　57
財政のサステナビリティー（持続可能性）　122
裁定　154
最適反応　94
財閥解体　40
サブプライム・ショック　172
サブプライム・ローン　49, 127
サミット（先進国首脳会議）　44
産業資本　17
産業内貿易　135
産業の空洞化　47
三面等価の原則　105
CDO（債務担保証券）　172
GDP　101
資源配分の機能　113
嗜好　61
支出 GDP　104
市場均衡　67
市場経済　2
市場（しじょう）　57
　——均衡価格　69
　——の失敗　77, 79
市場支配力　80
市場取引　126
システミック・リスク　129
失業　22

196

実質GDP　　101
実物的景気循環　　109
支払許容額　　77
シフト　　61
資本　　103
　　——の運動　　16, 18
　　——の蓄積　　18
資本収支　　143
資本主義社会　　21
社会資本　　103
社会主義　　22
社会的分業　　15, 16
自由貿易　　35
自由貿易体制　　28
自由放任主義　　32
需要　　57
　　——の価格弾力性　　72
需要表　　58
需要関数　　179
需要曲線　　58, 179
需要法則　　180
準公共財　　113
純粋公共財　　113
準備通貨　　166
証券化　　172
乗数　　188
消費関数　　184
消費財　　14
消費者　　57
消費者余剰　　77
情報格差　　8
殖産興業政策　　36
食料自給率　　41
所得再分配の機能　　113
新時代の日本的経営　　47
新自由主義　　44
垂直的公平　　115
垂直貿易　　134

水平的公平　　115
水平貿易　　134
数量調整　　4
スタグフレーション　　44, 111
ストック　　102
スポット取引　　159
生産財　　14
生産GDP　　105
生産者　　57
生産者余剰　　78
生産手段　　14, 16
生産物　　2
生産物市場　　2, 57
生産要素　　5, 57
生産要素市場　　2, 57
正常財　　61
正の外部性　　81
正の関係　　64
正の相関関係　　176
正の波及過程　　111
政府開発援助（ODA）　　145
政府の失敗　　9
セーフ・ガード　　136
セーフティー・ネット　　126
世界同時不況　　51
石油危機　　43
石油ショック　　42
戦略形ゲーム（strategic form game）　　91
戦略集合　　90
戦略的行動　　89
総需要　　183
総余剰　　79
総力戦　　32

　　　　た　行

対外純資産　　146
大恐慌　　33

# 索　引

大衆消費社会　33
代替財　62
対内直接投資　142
第2次産業革命　30
大不況　29
多国籍企業　42, 140
地租改正　36
中間投入財　102
超過供給　67
超過需要　68
直接金融　123, 189
定数　174
低賃金労働力　38
デフレーション　101
デフレスパイラル　111
伝染効果　129
投資　103
独占　64, 80
独占・寡占　19
独占資本主義　30
独占資本主義段階　20
特別会計　114
特例国債　120
取り付け騒ぎ　129
取引費用　83
ドル危機　43
奴隷制社会　20

## な　行

ナッシュ均衡　95
ニクソン・ショック　169
日本的生産方式（日本的経営）　45
ニューディール政策　34
農地改革　39

## は　行

ハードビヘイビア　129
ハイパー・インフレーション　32

パックス・アメリカーナ　44
パックス・ブリタニカ（Pax Britanica）　28
バトル・オブ・セクシーズ（Battle of Sexes）　96
パレート最適　119
比較静学　70
比較生産費　137
比較生産費説　28
比較優位　138
比較優位説　137
東アジア共同体　52
ピグー税　84
非自発的失業　108
ビッグマック・レート　157
標準形ゲーム（normal form game）　91
風説の流布　130
フォワード取引　159
双子の赤字　45
物価　101
負の外部性　81
負の関係　59
負の相関関係　176
負の波及過程　110
プラザ合意　46
フリーライダー（ただ乗り）の問題　7, 119
プリズナーズ・ディレンマ（Prisoners' Dilemma）　97
BRICs　134
BRICs 諸国　52
プリンシパル・エージェント問題　9
プルーデンス政策　128
ブレトン・ウッズ体制　168
フロー　102
分配GDP　105
ペイオフ　125
ヘゲモニー国家　28

ヘッジファンド　170
便益　77
変化率　175
変数　174
変動相場制　167
貿易　133
貿易収支　135
封建制社会　20
補完財　62

## ま行

マーストリヒト条約　162
前川レポート　46
マクロ経済学　101
マッチング・ペニーズ（Matching Pennies）　99
マルクス　23
右下がり　59
名目GDP　101
モニタリング機能　129
モラルハザード　9

## や行

約定金利　126

有効需要の原理　108
ユーロ　53, 162
輸出依存型産業構造　49
輸出の構造化　43
幼稚産業保護論　140
余剰　77

## ら行

リカード，D.　28
利潤　17, 18
利得　91
劣等財　62
労働　13, 14
労働改革　40
労働手段　13
労働疎外　21
労働対象　13
労働力の商品化　18
ロシア革命　32

## 執筆者紹介

|  | 氏名 | 所属 | 担当 |
|---|---|---|---|
|  | 森崎　初男（もりさき・はつお） | 関東学院大学経済学部　教授 | 第1章 |
|  | 谷野　勝明（やの・かつあき） | 関東学院大学経済学部　教授 | 第2章1節 |
| ※ | 森　宜人（もり・たかひと） | 関東学院大学経済学部　准教授 | 第2章2節 |
|  | 名武なつ紀（なたけ・なつき） | 関東学院大学経済学部　准教授 | 第2章3節 |
|  | 清　响一郎（せい・しょういちろう） | 関東学院大学経済学部　教授 | 第2章4節 |
|  | 吉田　千鶴（よしだ・ちづ） | 関東学院大学経済学部　教授 | 第3章1節～3節・5節 |
| ※ | 野口　雄一（のぐち・ゆういち） | 関東学院大学経済学部　准教授 | 第3章4節・6節 |
| ※ | 吟谷　泰裕（ぎんたに・やすひろ） | 関東学院大学経済学部　専任講師 | 第4章1～5節 |
|  | 望月　正光（もちづき・まさみつ） | 関東学院大学経済学部　教授 | 第4章6節 |
|  | 宮本　守（みやもと・まもる） | 関東学院大学経済学部　教授 | 第4章7節 |
|  | 新岡　智（にいおか・さとし） | 関東学院大学経済学部　教授 | 第5章1節 |
| ※ | 黒川　洋行（くろかわ・ひろゆき） | 関東学院大学経済学部　教授 | 第5章2～6節 |
|  | 野中　康生（のなか・やすお） | 関東学院大学経済学部　准教授 | 第6章 |

※印は，編集委員。

はじめて学ぶ経済学

2010年4月10日　第1刷発行
2013年4月1日　第3刷発行

編　者　　関東学院大学経済学部

発行者　　関東学院大学出版会

　　　　　代表者　大　野　功　一

　　　　　236-8501　横浜市金沢区六浦東一丁目50番1号
　　　　　電話・(045)786-5906／FAX・(045)786-2932

発売所　　丸善出版株式会社

　　　　　140-0002　東京都品川区東品川四丁目13番14号
　　　　　電話・(03)6367-6038／FAX・(03)6367-6158

印刷／製本・藤原印刷株式会社

Ⓒ 2010 Satoshi Niioka and Hiroyuki Kurokawa
ISBN 978-4-901734-33-2 C3033　　　　　　Printed in Japan